使い
こなされる
力。

名将たちが頼りにした、"使い勝手"の真髄とは。

森野将彦

目次

はじめに　8

第一章　私が使われた理由　19

・業務遂行力など5つの力が使われるための必要条件
・愛称は「ミスター3ラン」 打点を挙げて結果を残す
・中学3年生で経験したコンバート チーム方針を理解し、勝つピースとなる
・キャンプイン初日の紅白戦に完璧な準備をして臨む
・使ってみたいと思わせるため あの手この手でアピール
・草野球並みと酷評されたエラーの翌日の猛特訓
・器用貧乏や便利屋は悪いことではない！

第二章　野球人・森野将彦を形づくった少年時代　43

小学生・川島イーグルス時代1986年〜1990年　44
・40年近く守り続けている 父との男同士の約束
・楽しくもあり厳しくもあった 少年野球・川島イーグルス
・毎日野球に明け暮れた小学生時代

中学生・中本牧シニア時代1991年〜1993年　53
・覚悟を持って叩いた 強豪・中本牧シニアの門
・「いずれ大きくなるから焦る必要はない」中学生の私を救った父の言葉
・勇気と自信を与えてくれたノムさんのひと言

高校生・東海大相模高時代1994年〜1996年　61
・運も実力のうち 志望校に滑り込みセーフ
・1年からいきなりレギュラーに 先輩のユニホームを借りて試合に出場
・憧れの甲子園球場で未知の野球に衝撃を受ける
・最後の夏の甲子園をかけ 宿敵・横浜高と対戦
・野球人生を大きく変えた恩師の無言の檄

第三章　私を使いこなしてくれたプロ野球の恩師たち　79

星野仙一監督時代1997年〜2001年　80
・プロ生活を支えたスカウトとの出会い
・闘将の第一印象は見た目通りの恐い人
・5年間でわずか81試合　力になれないもどかしさ
・二軍で練習をするのは一軍で結果を残すため
・思い切って振れ！　指示の裏に隠された真意
・日本代表になって星野さんに恩返しを
・アジア最終予選で日本代表デビュー
・けがをした私に「待っているぞ」とメッセージ
・北京五輪本番は苦しい戦いが続く

山田久志監督時代2002年〜2003年　99
・エラーふたつで屈辱の懲罰交代
・高く立ちふさがったブルー・スリーの壁

落合博満監督時代2004年〜2011年　104
・実は一本芯の通ったオレ流サプライズ
・強くもないが弱くもない　10％の底上げで見事に優勝

・リーグ優勝のその裏で使えない選手の大リストラ
・試合展開を読む力で代打起用もズバリ的中
・練習前でもお構いなし 過酷なアメリカンノック
・思い出したくもない地獄の落合ノック
・極限まで追い込むことで 技術力・精神力・人間力を磨く
・リーグ優勝を決めた日に聴いたゆずの『栄光の架橋』
・サードを争う新ライバル 中村ノリさんを育成で獲得
・FA加入した和田一浩さんと守備範囲の狭い左中間を形成
・現状維持は退化の始まり 高みを目指して技術を磨く
・わずかの差でブランコに軍配 個人タイトルに最も近づいた日
・自分の力で乗り越える私のスランプ脱出法
・落合さんが残した最後のメッセージ
・落合さんに出会い相手を理解することの大切さを学ぶ
高木守道監督時代2012年~2013年 143
・若手にはまだ負けない自信と誇りを持って
・いつ来るか分からない出番に備えて
谷繁元信監督時代2014年~2016年 149
・選手の期待も高かったグラウンドの監督の采配
・進まなかった世代交代

森繁和監督時代2016年〜2017年　154
・度重なるけがでついに引退を決断
・引退試合の前に周平のセカンドコンバートを進言
まとめ　158

第四章　背番号物語　161

プロ入り後の背番号の変遷　162
・「5」のはずが「15」に 中学で起きた背番号問題
・星野さんの剛腕で「56」が「7」に
・移籍加入選手のため二度の番号変更
・落合さんのこだわりで「8」に戻る
・初めて希望した番号は憧れの掛布雅之さんと同じ「31」
・立浪さんの「3」を固辞 空いていた「30」に変更
・誰よりも早くドームに入り黙々と練習する姿
・最後に背負った番号はプロとして出発した「7」

第五章　引退後も使われるために　175
二軍打撃コーチ時代2018年～2019年　176
・教えるのではなく選手の声に耳を傾けること
・2020年にブレイクしたアリエルも声に耳を傾けたひとり
・根尾昂の印象は頭が良くていい意味で頑固
・アドバイスを求める若手には経験をさせることが大切
・技術力×対応力×情報処理能力　バッティングは3つの力の掛け算
解説者時代2020年～　188
・先の展開を読んだ解説で野球の面白さを伝えたい
・ルールブック片手に観戦を　森野流おすすめ観戦術
おわりに　192

はじめに

私がこの本を通じて伝えたいこと

本書では、バッテリー以外の守備位置なら、どこでもこなすことができるユーティリティプレーヤーとして、さまざまな監督の下で使われてきた私の「使いこなされる力」の一端を現役時代のエピソードを交えながら紹介したいと考えている。

なぜ本書を書くに至ったのか。その理由はふたつある。

ひとつは私の経験を、多くの野球少年たちに伝えるため。後に詳しく触れるが、私は小学生時代からさまざまなポジションについてきた。ポジションが変われば、もちろん動き方や覚えることも変わってくる。

例えば、ノーアウトランナー1塁でバッターがバントの構えをしている場合、セカンドとサードでは、まったく違った動きが要求される。実際に両方のポジションを守ったことがあれば、それぞれのポジションで覚えた動き方が経験値として蓄積されるはずだ。

その経験値は、将来さらに上のレベルで野球をする時に、必ず役に立つ場面が来るだろう。だからこそ、プロ野球選手になってからも複数のポジションを守ってきた私の経験を伝えたいと思ったのである。

もうひとつの理由は、私の経験は野球以外にも役立つ場面があると考えているからだ。特に世のサラリーマンの皆さんに、本書を手に取ってもらいたいと思っている。これから仕事をしていくうえで、参考になる話ができると考えたからだ。

希望とは違う部署に配属されてしまった人、上司との付き合い方に悩んでいる人、入社年数がまだ浅い人…。

仕事で悩み事を抱える人にとって、私がいかにして「使いこなされる力」を身につけてきたかを知ることは、きっと仕事をするうえで何かしらのヒントになるのではないだろうか。もし役に立つようなことがあれば、これ以上に喜ばしいことはない。

データが裏づけるユーティリティ性
45通りのスタメン組み合わせ

本題に入る前に知っておいてもらいたいのが、私の選手としての特長だ。端的に言い表すと

「どこでも守れるユーティリティ性と勝負強いバッティングが持ち味の使い勝手のよい選手」といったところだろう。

「野球は数字のスポーツ」。恐らく言葉で説明しただけでは特長がわかりにくいと思うので、その裏づけとなるようなデータを示すことにしたい。

それが次のデータだ。

私の現役時代にスタメン出場した1480試合のうち、どのポジション、どの打順で出場したのかの内訳である。巻末に年度ごとの数字を表組みにまとめたものを掲載（P196）しているので、ぜひ目を通しておいてもらいたい。

ポジション別のスタメン出場数は次の通りだ。

ファースト　304試合
セカンド　178試合
サード　716試合
ショート　54試合

レフト　138試合
センター　73試合
ライト　13試合
指名打者　6試合

続いて打順別のデータを見ていただこう。

1番　62試合
2番　24試合
3番　585試合
4番　115試合
5番　327試合
6番　136試合
7番　186試合
8番　47試合

最後はポジション別と打順別のデータを組み合わせたものを、出場試合の多い順に並べてみた。

3番サード	433試合
5番ファースト	137試合
3番ファースト	80試合
5番レフト	72試合
5番サード	71試合
7番サード	67試合
6番サード	64試合

見ていただいてわかるとおり、バッテリーを除くすべてのポジションで出場している。そのうち100試合以上スタメンで出場したポジションがサード、ファースト、セカンド、レフトと4つもあるのが特長だろう。

打順は3番、あるいは5番とクリーンアップを打つことが多かった。自分でも「そんなに出ていたのか」と少し意外な気がするが、4番でも115試合出場している。

4番と言えばチームの顔とも言える存在だ。初めて任されたのは2008年9月24日の東京ヤクルトスワローズ戦だった。スタメン発表の際に「4番森野」と言われた時は身の引き締まる思いがしたことを覚えている。

ただ、あまり意識をし過ぎるといい結果が出ないため、試合中は「あくまで4番目の打者」だと言い聞かせ、極力打順は意識をしないように心掛けていた。

この年は私が4番に入ってから7連勝をマーク。リーグ優勝は逃したが、クライマックスシリーズへの進出を決めることができた。ランナーを返すという4番の仕事はできたのではないかと思っている。

ちなみに、ポジションと打順の組み合わせで最も出場試合数の多かった「3番サード」こそ、私が最も愛着がある打順であり、守備位置であることを付け加えておきたい。

私がプロ野球選手の中でも異質な存在であることに間違いはない。その特長は別の選手と比べると、より際立つのではないだろうか。

ということで、私と同様に内野でも外野でも試合に出場したことのある中日ドラゴンズのふたりのOBをピックアップし、比較をしてみることにした。

ひとり目はドラゴンズの同僚で私よりひとつ年上の荒木雅博さん。俊足巧打で黄金時代のドラゴンズを支えた名選手だ。井端弘和さんとの〝アライバコンビ〟で鉄壁の二遊間を形成したことでもおなじみだろう。

荒木さんと言えばセカンドというイメージが強いかもしれないが、実は一軍で試合に出はじめた頃は外野での出場も多かった。

例えば、荒木さんが一軍に定着した2001年はセカンドで38試合にスタメン出場しているが、レフトで9試合、センターで10試合、ライトで9試合に先発している。

当時の監督は星野仙一さん。「内野守備がうまい選手は外野もできる」という考えを持っていたようで、井端さんも外野で起用することがあるほどだった。ましてやチーム一、二を争う俊足の持ち主の荒木さんなのである。当時の首脳陣が外野手としても使いたくなる気持ちはよくわかる。

ただし、そんな荒木さんも落合博満さんがドラゴンズの監督に就任した2004年以降、井端さんとそっくりポジションを入れ替える二遊間のシャッフルを行う2010年までは、ほぼセカンドで固定されている。打順とポジションの組み合わせも21通り。私の半数以下しかない。

ここが荒木さんと私が最も違う部分だろう。私は２００６年にサードのポジションを奪ったが、ライバル選手加入の影響もあって、その翌年はレフト、またその翌年にはセンターで出場している。私とは反対に荒木さんはいろいろなポジションを経験しつつ、セカンドという天職を見つけ、そこに定着していった。


比較対象のふたり目は立浪和義さん。「ミスタードラゴンズ」と呼ばれたレジェンドのひとりだ。私より９歳年上。右投げ左打ちの内野手と私との共通項も多く、身近な手本であり、少しでも近づきたいと目標にした選手でもある。

立浪さんの場合、ＰＬ学園高校を卒業してプロに入団後、開幕戦に２番ショートで出場するなど、高卒１年目でいきなりレギュラーの座をつかんでいる。当時監督だった星野さんがバリバリのレギュラーだった宇野勝さんをセカンドにコンバートしてまで、立浪さんの起用にこだわったのだ。

立浪さんもその期待に応え、新人王を獲得している。その後の立浪さんの活躍はここで語るまでもないだろう。

将来のドラゴンズを背負って立つ選手になると見込み思い切って抜擢した星野さんと、「ミスタードラゴンズ」と呼ばれるまで自分を磨き上げた立浪さん。ふたりとも私にも大きな影響を与えてくれた尊敬に値する人物である。彼らと一緒にプレーすることができて、今となっては本当によかったと思っている。

さて話を元に戻そう。

ルーキーシーズンにいきなりショートのレギュラーを獲得した立浪さんだったが、その後、セカンド、レフト、サードとポジションを転々としている。

その理由はけがであったり、チーム編成上の問題であったりとさまざまだ。

立浪さんの特長は、ひとつのポジションを確保したら、少なくともそのシーズンはほぼそのポジションで出場しているということである。同じシーズン中はもちろん、1試合の中でもポジションを変わることのあった私との一番の違いだと言えるだろう。

そのためか、ポジションと打順それぞれの組み合わせは28通り。私と比べても断然少ないのは、そうした背景があってのことだと、おわかりいただけるのではないだろうか。

もし私が監督だとしても、内外野どこでも守れて、しかもクリーンアップが打てる私のような選手がひとりいたら、重宝すると思うのだ。ひとりで何人分かの働きをしてくれるわけだから、それだけベンチの層も厚くなるし、対戦相手に応じた戦術の採用も可能となる。間違いなくチーム力はアップするはずだ。

歴代の監督から見ても、私は便利で使いやすい存在であったに違いない。あらゆる打順、あらゆるポジションで出場しているというこのデータが、何よりそれを証明してくれているのではないだろうか。

少々前置きが長くなってしまったが、私が本書の執筆に至るきっかけとなった思いと、私の現役時代の選手としての特長がおわかりいただけたことだろう。

これらを踏まえたうえで、本書を読み進めてもらいたい。何かひとつでもよい。私の話の中から、読者の皆様にとって参考になる話がひとつでもあればと願っている。

第一章　私が使われた理由

私が歴代の監督に使ってもらえたのは、なぜか。
その理由を突き詰めて考えていくと、
5つの力が備わっていたからではないかとの結論に達した。
5つの力は野球だけではなく、どの世界でも通じるものだろう。

業務遂行力など5つの力が使われるための必要条件

なぜ、私は歴代の監督から使われてきたのだろうか？

その問いに対する答えはいくつか頭に浮かんできた。だが、たったひとつに絞ることはとてもではないが無理な話だ。過去のそれぞれの監督の元を訪ね、それぞれにその理由を語ってもらえればよいのだが、所詮無理な話である。

そのため、あくまで私の想像となるが、私が試合で使ってもらえるようになったのは、次に掲げるいくつかの要素が絡み合ったことが原因だと自己分析している。

①試合に出たら結果を残す業務遂行力
②チーム（組織）方針などの理解力
③あらゆる事態を想定した準備力
④「こいつを使いたい」と思わせるアピール力
⑤ミス（問題）発生時に即座に対応する問題解決力

愛称は「ミスター3ラン」
打点を挙げて結果を残す

私が使われたのは、一にも二にも結果を残したということに尽きると思っている。守備ではエラーをすることなくアウトに取れる打球を確実にアウトにすること。打撃ではランナーをホームに返すこと。攻守それぞれに、このポイントを結果として残せるように取り組んだ。

特に打撃面では冒頭のデータのとおり、３番や5番を打つことの多かった私は、必然的にランナーを置いた場面で打席に入ることが多かった。そういった場面で一本を打ち、打点を稼ぐことこそが、チームが私に求める役割だと考えるようになっていったのである。

３ランホームランを打つことが多かったため、いつしか「ミスター3ラン」というニックネームも拝命した。私がランナーのいる場面に強かったことを証明するエピソードのひとつだと言えよう。

なぜチャンスに強かったのかというと、それは打席に入る時の思考法によるところが大きかったのではないかと思う。チャンスの時こそ物事をプラスに考え、「自分は打てる」と自分自身に暗示をかけるようにしていたのだ。

もちろん精神論だけで打てるほど、プロの世界は甘くない。3ランホームランが多かったことには、それなりの理由もあるのだ。

3ランホームランが出るシチュエーションは、ランナーがふたりいる場面である。打席の私に四球を出したとすると、満塁になりさらにピンチが広がってしまうことになる。相手ピッチャーとしては、できればそれは避けたいところだ。

そうすると、必然的にストライクゾーンで勝負せざるを得なくなる。それはピッチャーにとってはマイナス要素だと言えよう。

四球を出したくないピッチャーがストライクを欲しがるということは、バッターから見たら的が絞りやすくなるということだ。ピッチャーにとってのマイナス要素が、バッターにとってはプラスの要素となるわけである。

ということはバッターである私は、精神的に優位な立場で打席に立つことができる。あとは低めの変化球を振らないよう、ベルトから上に意識を集中し、甘い球が来たら思い切り振るだけ。特に初球がボールになった時などは「よしもらった」などと思ったものである。ピッチャーはツーボールにはしたくないので、ストライクゾーンの甘いコースに投げる確率が高くなるからだ。こうなったら私の勝ち。かなりの高確率で仕留めることができた。

こうやって結果を出し続けたからこそ、私は使ってもらうことができたのだと思っている。

中学3年生で経験したコンバート
チーム方針を理解し、勝つピースとなる

この話をするために、時を中学3年生まで戻すことにする。

当時、私は横浜市にある中本牧シニアという硬式野球チームに所属していた。

横浜中から野球の腕に自信のある選手が集まる強豪だ。中日ドラゴンズでチームメイトだった高橋光信さんや後輩の小池正晃、小山良男ら、何人ものプロ野球選手を輩出している、文字どおりの名門である。

夏の全国大会まで1カ月を切ったある日の練習前、私は監督の村上林吉さんに呼び出され、こう伝えられた。

「全国大会ではお前にセカンドで出てもらうからな。今日からはサードではなくセカンドの練

習をしてくれ」

この時、私はサードのレギュラーだった。激しい競争を勝ち抜いて奪ったポジションだけに、もちろん愛着がある。控えのサードの選手に守備でも打撃でも劣っている部分はない。ポジションを譲る気などまったくなかった。

突然のコンバートの提案に、恐らく私は納得のいかない表情をしていたのではないだろうか。村上さんは、かんで含むようにその意図を説明してくれた。

その頃のチームには全日本のメンバーがふたりいた（残念ながら私ではない…）。ふたりのポジションはピッチャーとセカンド。運が悪いことに全日本チームの遠征と中本牧シニアの出場する全国大会の日程が重なってしまった。全国大会はチームの中心となるふたり抜きで戦わなくてはならなくなったのである。

ピッチャーは二番手、三番手（と言っても全国クラスの好投手である）に頑張ってもらえばよいとして、問題はセカンドにできた穴。誰を起用するかが問題だった。

村上さんは、セカンドの控え選手ではなく、打力のあるサードの控え選手を使おうと考えたようだ。

そこで浮上してきたのが「森野セカンドコンバート案」である。

「お前は器用だし、野球もよく知っているから、絶対にセカンドでもやっていける」

そんな村上さんのおだてに乗せられた私は、全国大会までセカンドの練習に必死に取り組んだ。セカンドを守ってとくに戸惑ったのが、サインプレーの多さだ。牽制やバントシフトなど、サードと比べて動きが複雑で覚えるのが大変だったが、慣れてくるとその面白さを感じるようになっていた。「セカンドも悪くない」と思ったほどだ。

私がセカンドの練習にのめり込むことができたのは、チームの役に立っているという実感があったからだろう。全国で優勝するためのピースとして村上さんが私を頼りにしてくれたことが何より誇らしかったのだ。

そうして迎えた全国大会では2回戦でサッチーこと野村沙知代さんがオーナーを務めていた港東ムースに敗れ、優勝の目標は叶えることができなかった。

だが、1回戦、2回戦とセカンドで出場した私はソツのないプレーを披露することができた。事情を知らない人は、私が急造のセカンドだとは気づかなかったことだろう。

この中学3年生での経験は、後々自分の財産になった。進学先の東海大相模高やドラゴンズに入団してプロになってからも、さまざまなポジションをこなすことができたのは、この経験があったからだと断言してもよいほどだ。

いま野球をやっている少年少女には、小さいうちにさまざまなポジションを経験しておいたほうがよいと声を大にして言いたい。

これはサラリーマンにも当てはまる。入社して間もないうちは、あらゆる仕事を経験しておくとよいだろう。

もし転勤や配置転換などの辞令を受けても、決して腐らないことが大切だと思う。その裏には何かしらの期待や意図が隠されているからだ。配属先で自分に何が求められているのかを考え、そこで結果を出すことに集中すれば、必ず展望が開けるだろう。

それらの経験は、いつかきっと役に立つ時が来るはずだ。「若いうちの苦労は買ってでもせよ」ということわざがあるが、本当にそのとおりだと思う。

最もよくないのは、選り好みをすることではないだろうか。「あのポジションはできない」「このポジションしかやりたくない」などと言っていると、それだけ選択肢の幅が狭まってしまう。それは自らの可能性を狭めてしまうと言い換えてもよいだろう。

自分の仕事ぶりを評価するのは自分自身ではない。あくまで周囲の人間だ。「自分の適性ポジションはここ」などと言うのは、ただの独りよがりということに気づいてほしい。

小さなプライドでベンチを温めるぐらいなら、どんなポジションでもよいから勝つためのピースとして試合に出るほうがよっぽど意味のあることだということを、私はこの経験を通じて知らず知らずのうちに学んでいたようだ。

キャンプイン初日の紅白戦に完璧な準備をして臨む

「1年目は補強しない。現有戦力で10％の底上げをすれば必ず優勝できる」

2003年秋、ドラゴンズの監督に就任した落合博満さんは記者会見でこう話したという。ファンの間では語り草となっているこのセリフだが、意外にも選手たちは直接聞かされてはいないのだ。2月1日のキャンプイン初日に紅白戦を行うという話とともに、懇意にしている記者から耳にした。

この言葉に私は大いに奮い立った。

2002年に山田久志さんが監督に就任して以降、出場機会は増えていたもののレギュラー獲得にまで至っていなかった私にとって、新しい監督の就任はレギュラーになるチャンスだと捉えていた。しかも、補強はしないという。他チームからの移籍などで、ライバルが増える心配がないということも、私を勇気づけていた。

私はキャンプイン当日に照準を合わせ、例年より早めに自主トレを開始することにした。2月1日にベストパフォーマンスを発揮すれば、落合さんはじめ新しい首脳陣の目に留まり、レギュラーになれるチャンスが広がるかもしれない。

自ずとトレーニングのペースは上がっていった。

キャンプイン前にナゴヤ球場で行った合同自主トレでは、ピッチャーの顔を見たら誰彼関係なく「バッティングピッチャーをやってもらえませんか」と声をかけた。それはもう周囲に白い目で見られてしまうほど。まさに「手当たり次第」という言葉がぴったりとくるほどにかけまくった記憶がある。

恐らく相当な剣幕だったのではないだろうか。何人かのピッチャーが、私の打撃練習につき合ってくれた。目と感覚を慣らすために、どうしてもピッチャーが投げる生きた球を打っておきたかったのだ。

万全の調整をして、完璧に仕上げて臨んだ2月1日。私は紅白戦で、クリーンヒットを打つことができた。紅白戦は翌日にも行われたが、その試合ではホームランを打っている。キャンプイン当日に向け、自主トレから入念に行ってきた準備が実を結び、結果を残すことに成功した。恐らく「森野」という名前は、落合さんをはじめとする首脳陣の印象に残ったことだろう。

結局、この年は開幕スタメンこそならなかったものの、夏以降はファーストやレフトとしてスタメン出場する機会が増えはじめた。結局、80試合に出場し、打率2割7分2厘、21打点、4本塁打という成績を残すことができた。

チームは1999年以来、5年ぶりにセ・リーグ優勝を達成。前回の優勝時は1年間二軍暮らしでまったく貢献できなかったが、今回は微力ながらも優勝に貢献できたことが何よりうれしかった。

初めて参加したビールかけは、「これ以上の至福の時間はない」と言っても言い過ぎではないほど、素晴らしいものだった。そんな喜びとともに、自分自身に手応えを感じるシーズンとなった。

本人から直接聞いたわけではないが、落合さんが「戦力の10％底上げ」「2月1日に紅白戦」などと発言をしたのは、「自分自身で練習ができる選手は誰か」「野球のためにオフを過ごせる選手は誰か」を見極めたかったのではないだろうかと想像する。

そもそも能力を10％底上げすることなんて、容易にできることではない。これをチャンスと捉え、自主トレから自分を追い込み、最高の状態でキャンプインを迎えることができる「自己管理能力のある選手」が多ければ多いほど、優勝に近づけるという目算があったのだろう。

この年の一軍二軍の振り分けは、この紅白戦の結果で決まったと言っても言い過ぎではない。しっかり準備をしてきた選手は、シーズンでもチャンスをもらうことができた。ここで言う準備とは、キレのある動きができたかどうかということだ。落合さんが求めていたのは結果ではなかった。たとえ結果が出なくても、動きがよかった選手は「準備ができている」と評価の対象となっていた。

反対に、いくら口で自主練習をしてきたと言っても、「体重オーバーで動きが鈍い」「投げるボールにキレがなく簡単に打ち返される」「スイングが鈍く、バットにボールが当たらない」といった選手は、「使えない」というレッテルが貼られていたようだ。

もちろん能力の優劣もあるが、プロの一軍二軍を分けるラインは、普段からの調整や心構えなどで如実に現れてしまうように思う。岩瀬仁紀さんや川上憲伸さんなど、私が知っている一軍でバリバリ働いていたピッチャーは、みな調整が上手だった。

彼らは開幕から逆算して、誰かに言われなくてもしっかりと体を作って来ていた。いつまでも二軍でくすぶっている選手ほど、自己管理がうまくない。何かあると「体調が悪い」などと、あれこれと言い訳を並べるような選手が多かったように思う。


落合さんは練習の意図などを説明する人ではない。キャンプイン初日に紅白戦をした理由も、結局明かすことはなかった。落合さんの下でプレーをするということは、彼の意図は何かを考え、それを汲み取り、実践していくことが必要なのだ。

キャンプイン初日に紅白戦を行うという前代未聞の取り組みも、よくよく考えると、選手たちに準備の大切さをわからせたいという思いで行ったものなのだろう。

それに気づいた時、「この人は凄い人かもしれない」と感じさせられた。プロ野球界の常識からは考えられないような思い切った策が打てるのは、確たる信念を持った人にしかできない芸当である。

2004年のキャンプインを、もし例年どおりの調整法で迎えていたら、私のプロ生活は早くに終わっていたかもしれない。ベストなパフォーマンスをするためには常日頃からの準備が大切だということを学んだ出来事だった。

使ってみたいと思わせるため
あの手この手でアピール

新しい監督が来てよく耳にするのは、選手たちはみな横一線であること。建前では誰でもレギュラーを奪うチャンスがあるということになっている。だが実際には、そんなことはない。誰が監督をしても「この選手が外されることはない」というポジションがあることは、どの選手でもわかっていることなのだ。

当時のドラゴンズはまさしくそのようなチームだった。キャッチャーは谷繁元信さん、セカンドは荒木雅博さん、サードは立浪和義さん、ショートは井端弘和さん、センターはアレックス・オチョア、ライトは福留孝介さん。なんと豪華な顔ぶれだろう。球界を代表する一流選手ばかりである。この時代のドラゴンズがいかに強かったのかをうかがい知ることができる布陣だ。

彼らからレギュラーの座を奪うのは、はっきり言って至難の業だった。だとしたら、空いているポジションを取りに行くしかない。その当時、レギュラーが決まっていないポジションとは、ファーストとレフトだった。

ファーストとレフトのレギュラーの座を虎視眈々と狙っていたのは、もちろん私だけではなかった。

当然チームの誰もが知っている話である。目の前に転がっているレギュラー奪取のチャンスを逃す手はないのだ。

ファーストに名乗りを上げたのは、私のほか渡邉博幸さんにオマール・リナレス。レフトの座を争ったのは、私、井上一樹さん、大西崇之さん、英智さんらだ。

「ライバルたちと比べて何かアドバンテージになることはないか」

その当時、私は常にレギュラー獲得のため武器になるものはないかを考えていた。

そこで見つけ出した答えは、ファーストもレフトも守れるという「ユーティリティ性」だ。

空いているファーストとレフトの両方を守れるのは、レギュラー候補の中では私しかいなかった。レフトのライバルとなる井上さんや大西さんもファーストの守備に挑戦していたが、彼らはもともと外野が本職。内野をやっていた私のほうが動きもわかっているし、守備力も上だ。その点で、私のほうに分があった。これで、レフトの守備も本職のふたりと遜色ないものまで高めることができれば、使ってもらえる機会は増えるだろうと考えた。

とはいえ、外野手としてノックを受けるのは、小学生の時以来のことだ。一応の経験者なので、違和感なくこなせたが、正直ハードルは高かった。

「お前下手だな。見込みないから、レフトの練習やらなくていいぞ」

落合さんは、いきなりこんなことを言い出しかねない。そんなことを思われないよう、とにかく一生懸命努力した。

外野の守備でとくに難しかったのは、背後の打球。外野手として打球を追うのが久しぶりのため、感覚がつかみにくかったのだ。

「とにかくバンザイなど、みっともないマネだけはしないように」と自分に言い聞かせていた。恐らく、こちらの必死の思いが伝わったのだろう。「外野手失格」のレッテルを貼られることはなかった。

どこでも守れることをアピールしたかった私は、内野のシートノックにも勝手に参加していた。

ノックを受けるメンバーは事前に決まっていて、選手にも通達されている仕組みになっている。もちろん、ノックを受けるメンバー名が書かれた用紙に私の名前はない。それでも、セカンドやサードなど、その日に守りたいと思ったポジションに勝手につき、さも当たり前という顔をしてノックを受けていた。

そんなことをしたら「お前はメンバーではないから受けなくていい」などと怒られそうなものだが、コーチたちも何も言わずにノックを打ってくれた。指示をされていないにもかかわらず、自ら進んでノックを受けたいと申し出た私の姿勢や向上心を認めてくれていたのだろう。そこは自分の都合のいいように解釈するようにしていた。

私が狙っていたのは、ファーストやレフトだけではない。セカンドでもサードでもショートでも、可能性があれば出るつもりでいた。もし仮にレギュラーの誰かがけがをしてポジションが空いた時、キャンプでしっかりとアピールしておけば「代わりに森野を使ってみるか」と思ってもらえるかもしれないと考えていたのだ。少しでも可能性があるなら、アピールしておいて損はないだろう。

２００４年にはそういった機会はなかったが、けがをした荒木さんに代わってセカンドで試合に出場したことは何度かあることを付記しておく。

草野球並みと酷評された エラーの翌日の猛特訓

「森野が草野球を見ているような落球をした」

私の野球人生の中でも忘れられないプレーのひとつが、2005年8月9日の阪神タイガース戦で犯したエラーだ。翌日の新聞では、冒頭のように酷評された。もちろん、そこまで糾弾されても仕方のないプレーだと認識している。

そのエラーは、5回表一死満塁というピンチの場面でやってしまった。

タイガースの誰の打球かは覚えていないが、とにかくレフトを守っていた私の前に力のないフライが飛んできた。普通に捕っていれば浅いレフトフライで、アウトカウントだけがひとつ増えて終わるはずだった。

が、そうはいかなかったのだ。

いま思えばまったく必要がないのに、この時の私はなぜかホームへの返球を焦っていた。送球に備え、少し後ろから勢いをつけるようにボールを捕りにいったのだが、キャッチしたはずのボールはグラブの土手に当たり、ポロッとこぼれてしまったのだ。

はっきり言って、草野球のお父さんだって捕れるようなイージーな打球だった。なぜ、そんな打球を落としたのかというと、簡単にキャッチできると判断し、ボールを雑に捕りに行ってしまったのだ。

本当に言い訳のできないような初歩的なミス。私は顔から火が出るぐらいに恥ずかしかった。せっかく打ち取ったのにムダな点を与え、なおもピンチが続くことになってしまった。申し訳ないという思いが頭の中を占め、ピッチャーに合わせる顔がなかった。「何とか追加点を奪われないように」と祈りながら守っていたことを覚えている。

とくにつらかったのが、スタンドからの野次だ。

「ヘタクソ。草野球を見に来たわけじゃないぞ」

こんな声がドラゴンズファンからもタイガースファンからも耳に届いてきた。もう二度とこんな思いはしたくないと心の底から反省させられた。

この試合の唯一の救いは、ドラゴンズが逆転勝ちをしたことである。私のエラーなどもあり、5回表終了時点で1対7とリードを許していた。しかも相手のピッチャーはタイガースのエース井川慶だ。

敗色濃厚の展開だったが、その裏になんと9点を挙げて逆転に成功。そのまま逃げ切って勝利した。落合さんは私をベンチに引っ込めることもなく、エラーをした後も使い続けてくれた。

「森野なんかを使ったオレが悪い」というスタンスだったのだろう。

帳尻を合わせたわけではないが、「エラーで失った点をバットで取り返す…」という思いでヒットを2本打っている。


「もう二度とこんなエラーはしない」


そう心に誓った私は翌日、すぐに行動に移すことにした。

試合前の練習で外野手のスペシャリストである大西さんをつかまえて、こう切り出してみたのだ。

「大西さん、フライの捕り方を教えてくれませんか」

この時の大西さんと私の関係はライバル同士。レフトのレギュラーポジションを激しく争っていたのだ。そんな相手に教えを乞うとは、虫のよい話だが、もう二度とエラーをしたくないという思いが先に立ち、とにかく必死だったのだ。

大西さんはそんな私の思いに気圧されたのか、私の守備について意見を言い始めた。

「実は前からグラブの出し方が危なっかしかった。理由はボールと衝突するようにグラブを出しているからだ。いつか昨日のようなエラーをするかもしれないと思っていた」

大西さんによると、外野手がフライを捕る場合、グラブは横にして差し出すのがセオリー。だが、私は縦に出していた。そのため、土手に当ててこぼしてしまったのだ。横にして差し出せば、土手に当ててこぼすというミスは未然に防げるという。

大西さんのアドバイスを聞いて、私は目からウロコが落ちる思いだった。

レフトは小学生の時に守っていたが、「フライを捕る時はグラブを横から出す」と教えてはもらったことはなかったからだ。いろいろなポジションをこなし、野球に関する知識は人より持っていると自負していたが、まだまだ知らないことがあることに気づかされた。

野球の奥深さをあらためて知るとともに、いろいろなポジションを極めるためには、もっともっと勉強が必要だと思った。

まさに「鉄は熱いうちに打て」。エラーをした翌日に教わったからこそ、大西さんの言葉はとても説得力があったのだ。その後、グラブを横にしてフライキャッチする練習を幾度となくしたことは言うまでもない。基本を教えてもらい、繰り返し練習をしたおかげで、もう二度と大事な場面でミスをすることはなかった。

ミスに向き合うことは正直に言ってつらい作業だ。だが、そこから逃げていては自身の成長を望むことはできないはずだ。ミスや問題が発生したら、放っておかずに二度と同じ過ちを繰り返さないよう、早めに対処することが大切だ。このことは野球に限らず、どんな世界でも共通することではないだろうか。

器用貧乏や便利屋は悪いことではない！

私が試合で使ってもらえた理由として挙げた、「業務遂行力」「理解力」「準備力」「アピール力」「問題解決力」という5つの力は、それぞれがジグソーパズルのピースのようなものである。どれひとつが欠けても1枚の絵を作ることはできないことと同じなのだ。

いくら監督の考えやチームの方針を理解していても、準備がいい加減なら結果を残すことはできないだろう。

また、どれだけ準備をしっかりしたところで、アピールもろくにしなかったら誰も知らないままの単なる自己満足で終わってしまう。

もちろんミスも発生するだろう。その場合はいち早く対応することが求められるし、何より業務をしっかりと遂行し結果を出さないことには、次の仕事が回ってくることは、恐らくないのである。

ユーティリティプレーヤーである私は、どこでも守れるからこそ空いているポジションにスッと入り込み、最終的にはポジションを奪うことができたのではないかと思っている。

私がチームの方針に耳を傾けようともせず、「サードしかできない」などとポジションに固執するようなタイプの選手であったら、恐らく４割バッターにでもならない限り、どの監督にも使ってもらうことはなかったに違いない。21年間もプロ野球選手を続けることはできなかっただろう。

プロになるような選手は、それぞれ〝売り〟となる特長を持っている。私の〝売り〟は「クリーンアップが打てるユーティリティプレーヤー」。その特長を最大限に生かすため、まずは空いているポジションを奪いにいき、結果的にはそれが首脳陣の目に留って、試合に出られるようになったのだ。

ちまたでは、ユーティリティプレーヤーというと器用貧乏と捉えられ、便利屋として使われるというイメージがあるようだが、器用で悪いことはない。私はユーティリティプレーヤーだったからこそ道は開けたのだ。

ただし、ここでひとつ断っておきたいのは、初めからどのポジションもソツなくこなせたわけではないということだ。

２００５年８月９日のタイガース戦で簡単なレフトフライを落球したことがあるように、何度も痛い失敗をしてきている。そこでめげることなく、周囲にアドバイスを仰ぎ、繰り返し練習を続けてきたからこそ、使い勝手のよい選手になることができたのだ。

希望とは違うポジションを任されたとしても、結果を出し続ければ、そこが適正なポジションになることだってある。そうなるにはまず、使える人間であることをアピールして、実際に使ってもらうことが大切だ。その時にピシッと結果を残すことができるよう、常日頃から爪を研いでおくべきだろう。

第二章　野球人・森野将彦を形づくった少年時代

私が20年以上にわたってプロ野球選手を続けられたのは、
野球の楽しさ、厳しさ、奥深さを教えてくれた、
少年時代の恩師たちの存在があるからにほかならない。
恩師たちへの感謝の思いとともに、少年時代を振り返る。

小学生・川島イーグルス時代
1986年〜1990年

40年近く守り続けている
父との男同士の約束

私がプロ野球の世界である程度の結果を残し、21年もの間現役を続けることができたのは、よい人と巡り会えたことも大きい。

野球の楽しさを教えてくれた人、落ち込んでいる私を励ましてくれた人、私の持っている能力を引き出してくれた人…。

野球人生の転機を迎えた時、人との出会いが常に私をよい方向に導いてくれた。この章では、そんな私の野球人生を形づくった恩師たちとの思い出を振り返ることとしたい。彼らが私に贈ってくれた言葉や思いやりは、まさに私の野球人生の道しるべとなっている。

私に野球の楽しさを教えてくれたのは、父・勝彦だ。地元の横浜大洋ホエールズ（現横浜DeNAベイスターズ）の大ファンで、テレビで野球中継を見ては一喜一憂している人だった。身近にこんな野球好きがいれば、私も必然的に野球ファンになる。物心ついた頃から遊びと言えば野球。父とキャッチボールをするのが何よりの楽しみだった。

そのうちキャッチボールだけでは飽き足らず、もっと本格的に野球がやりたくなった私は、小学生に上がる前から地元の野球クラブに入りたいと父にねだっていた。しかし、なぜか「まだ早い」と止められていたのだ。

それでも気持ちが収まらない私は、誰にも相談することなく近所の川島イーグルスという少年野球チームで入団手続きの用紙をもらい、「どうしても野球がやりたい」と父に懇願した。小学2年生の時だった。

その時に父が私に言った言葉は、40年近くが経過した今でも、鮮明に私の脳裏に焼きついている。

「将彦、野球をやるからには絶対に辞めてはダメだ。これは父さんとの男と男の約束だ」

チームに入って本格的に始めるとなると、楽しいことばかりではなくなるだろう。野球が嫌いになって途中で投げ出したいと思うようになるかもしれない。それでも、辞めることなく続けてほしかったのではないだろうか。

「野球をやりたい」と何度言ってもなかなか首を縦に振らなかったのは、そうした覚悟を求めるには、あまりにも私が幼すぎると思っていたに違いない。

父は恐らく、私が野球チームに入りたいと言ってくることは、当分の間はないだろうと思っていたようだ。

ところが小学2年生の子供が、誰の助けも借りず入団手続きの用紙をもらってきたのである。私が、相当の覚悟を持っていると、父は感じたことだろう。であれば、反対する理由はどこにもない。


小学校高学年になって練習が厳しくなった時、中学校に上がって他のスポーツにも興味がわいた時、プロに入ってなかなか結果が出ずに悩んだ時……。

「いっそのこと野球を辞めてしまいたい」と思うと、決まって父の顔とこの言葉がセットになって頭に浮んできたものだ。父との約束を破るわけにはいかないという思いが、野球を辞めてしまいたいという私の気持ちを押しとどめた。

もし、川島イーグルスに入る時、父と約束をしていなかったら、とっくに野球を辞めていたかもしれない。プロ野球選手とはまったく違った道に進んでいた可能性だってある。それだけ、父のこの言葉は野球人・森野将彦の原点とも言える大切な言葉なのである。

ちなみに私が左打ちなのも、父の影響だ。幼稚園の頃、右で打とうとしたら「お前、こっちじゃないぞ」と言われ、左で打たされたのがきっかけだ。それ以来、当たり前のように左で打ってきた。私の野球人生において父の影響が相当大きなものであることが、このエピソードからもおわかりいただけるのではないだろうか。

楽しくもあり厳しくもあった少年野球・川島イーグルス

川島イーグルスでの野球は、とても楽しいものだった。監督の松本さんは見た目からして温厚な方。「明るく・元気に・楽しい野球」が松本さんが掲げるモットーで、いつもニコニコ笑顔で私たちに接してくれた。

とはいえ、ダラダラと遊びの延長線上で野球をしていたわけではない。規律はしっかりとしていた。例えば、「あいさつは大きな声で」「攻守交代は駆け足」「集合時間など時間はきちんと守る」といった基本事項が守れていない時はピシッと引き締めてくれる厳しさも併せ持った監督だった。

ところがチームには松本さん以上に厳しい人がいた。私の父である。

少年野球の世界では、代表者のほかに、選手の父親が「お父さんコーチ」などと称して子供と一緒に野球をやるチームが数多くある。川島イーグルスもご多分に漏れず、選手の父親がコーチ役で指導を手伝っていたのだ。

その中でも私の父は選手たちから「スパルタコーチ」として恐れられている存在だったのである。

私と同年代の人ならわかっていただけると思うが、子供の頃、「頑固オヤジ」と呼ばれる大人が近所にひとりはいたのではないだろうか。私の父はまさにその頑固オヤジを地で行く人だったのだ。

「あいさつがなっていない」と言っては練習前にガミガミ。「私語がうるさい」と言っては練習中にもガミガミ。ノッカーを務めた時は、誰彼構わず容赦なくノックの雨を降らせた。

「お前の父ちゃん、恐すぎる。何とかしてくれよ」

チームメイトからこんな苦情を受けるのはしょっちゅうのことだった。中にはあまりのスパルタについていけず、辞めていってしまったチームメイトもいた。

子供ながらにつらかったのは、父親のことを悪く言われてしまうことだ。みんなに申し訳ないという気持ちでいっぱいだった。

とはいえ、父に指導方法を見直し、スパルタを止めるようにお願いする勇気も持ち合わせてはいなかった。

そんな父だが、単に厳しいだけの人ではなかった。試合が近い時などは「みんな、行くぞ」と声をかけ、選手全員を自腹でバッティングセンターによく連れていってくれたものだ。練習後にバーベキューをしたり、ゲーム大会を開いてくれたりしたこともあった。

そんな時は、練習中はこちらが震え上がるほどガミガミうるさかった人が、「こうも変わるのか」とこちらがびっくりするぐらい柔和な表情で遊んでくれた。恐らくオンとオフのスイッチを切り替えることが上手な人だったのであろう。ただのスパルタではなかったから、ついていくことができたのかもしれない。

試合前、相手のピッチャーを分析するのも父の役目だった。「球は速いけど、コントロールはよくないので、ボールをじっくり見ていこう」といったアドバイスは、結構的確だったと記憶している。

当時は気がつかなかったが、今こうして振り返ってみると、とにかく父はチームを勝たせたい一心だったのだろう。勝つ喜びを覚えれば、ますます野球が楽しくなるに違いない。父はそんな思いを持ち、ひたすら一生懸命に頑張っていたのではなかったか。

父の存在が私の友人関係に負の影響を与えてしまったことは否定しない。今風に言うと「うざい」と思ったことは数えきれないほどある。が、礼儀が大切なことや試合で勝つことの楽しさや喜びなど、父が多くのことを教えてくれたのもまた事実である。

私がプロ野球選手になれたのは、間違いなく父の存在があったからだ。その点については素直に感謝の意を伝えたいと思う。

毎日野球に明け暮れた小学生時代

小学2年生で川島イーグルスに入団した私が、初めて対外試合に出場したのは3年生の時だ。ポジションはレフト。ヒットを打ったかどうか、エラーをしたかどうかといったプレーの内容は、はっきり覚えていない。とても緊張し、胸がドキドキしていたことだけはいまでも覚えている。

4年生になると、ポジションはピッチャーかサードに。5、6年生ではサード一本に絞った。打順はもちろん4番だ。体はそこそこ大きく、試合ではよく打ったほうだと思う。

とくにバッティングは、どんなピッチャーでも「打てる」という自信を持って打席に入っていた。この頃の私は、土日はイーグルスの練習、平日は近所の公園で仲間と野球をした後、自宅の庭で父とティーバッティングを行っていた。まさしく野球漬けの毎日。人一倍練習をしているのだから、打てて当たり前だと思っていた。

私は父に「勉強をしろ」と言われた記憶はないが、「素振りをしろ」とは耳にタコができるほど、毎日のように言われ続けていた。

この頃の私は、父からよく「天狗になるな」と言われることが多かった。確かに、試合で活躍すると決まって「オレは打てるから練習は必要ない」などと言って、すぐに父との練習をさぼろうとしたのは事実だ。こうした言動を天狗になっていると捉えていたのだろう。私としては、たまには遊びたいという気持ちから、試合で活躍した日ぐらいは練習を免除してほしいと思っていた。父はそういう私の怠け心を戒めるために、厳しく接していたのかもしれない。

あらためて言うが、川島イーグルスでの野球はとても楽しかった。よき指導者に巡り会えたことはもちろん、仲間と一緒に練習をしたり、バカを言い合ったりした日々は何物にも代え難い宝物のような時間である。

ひとりではなく、かけがえのない仲間たちがいたからこそ、いまだに野球が大好きなのだ。そんな仲間たちに「一緒に野球をしてくれてありがとう」と言いたい。

中学生・中本牧シニア時代 1991年～1993年

覚悟を持って叩いた 強豪・中本牧シニアの門

第一章でも触れたとおり、中学では全国的に名の知れた強豪、中本牧シニアでプレーした。最終的に入団を決めたのは私自身だが、もちろん父も大きく関わっている。

野球をやっている人ならわかると思うが、小学校から中学校へ上がる時、最初の大きな分岐点を迎える。さまざまな選択肢があるからだ。

その選択肢とは、軟式野球を続けるか、硬式野球を始めるか。また入るチームは、学校の部活なのかクラブチームなのか。クラブチームにするなら、どのチームを選ぶのか、というものだ。いまのようにインターネットで簡単に検索できる時代ではない。チーム選びは今後の野球人生を大きく左右するものだけに、私は大いに悩んでいた。

悩める私に、父は私に3つの選択肢を用意していた。

ひとつは、中学校の部活で軟式野球を続けるというもの。

もうひとつは、レギュラーになれるかどうかわからないが、全国的に有名な硬式野球の強豪クラブへ入団し、自分を鍛えるというもの。

最後は、あまり強くはない硬式野球クラブに入団し、試合に出続けて経験を積むというもの。

個人的には野球を辞め、バスケットボールやバレーボール、バドミントンなど、中学校の部活で新たなスポーツを始めるという選択肢もなくはなかったが、父を説得する自信がなかったため、その思いは封印することにした。

あれこれ悩んだ末に決めたのは、硬式野球の強豪クラブに入るという道だ。示された選択肢の中で、最も困難な道であったが、同時にチャレンジしがいのある道でもあった。

中本牧シニアは、横浜で一番レベルの高いチーム。そこでレギュラーを取れるようにとことんまでやってみようと覚悟を決めたのだ。

「ここでダメならスパッと野球は辞める」

そんな覚悟を持っての入団だった。

中本牧シニアは、想像以上にシビアなチームだった。

中学1年生の4月に総勢80人ほどいた同級生のチームメイトが1年後には半分になり、さらに1年後にはその半分になっていた。ハードな練習に耐え、熾烈な競争を勝ち抜き、何とかサードのレギュラーの座をつかむことができた。

中本牧シニアは横浜中から才能のある選手が集まってくるクラブである。私よりひと回りもふた回りも体の大きな選手、めっぽう速い球を投げる選手、足がものすごく速い選手など、「こいつにはかなわない」と思うような選手がゴロゴロいた。

入団当時は「果たしてこの中でレギュラーになれるのか」「入るチームを間違えたかもしれない」などと思ったものだ。自分でもよくレギュラーになれたと思う。

心が折れそうになった時もあったが、何とか続けてこられたのは、監督の村上林吉さんの存在が大きかったように思う。

村上さんは実に不思議な監督だ。礼儀には厳しく、私たち選手はよく叱られたが、人懐っこい笑顔が特徴で人を和ませる能力に長けていた。

先ほども説明した通り、中本牧シニアは各世代の「横浜オールスターズ」と言っても大げさではないほどのチームである。鼻っ柱の強い自信家がいたり、超が付くほどの真面目な優等生がいたり、かなりやんちゃなワルがいたり…。選手たちの顔ぶれはかなりバラエティに富んでいた。

ただでさえ思春期で扱いにくい年頃だけに、指導する村上さんも相当苦労したに違いない。そんな個性派集団の手綱捌きを、村上さんは実に上手に行っていたように思う。時には厳しく、時には楽しく、選手たちをなだめすかしながらチームをよい方向へと導いてくれた。

確かに礼儀にはうるさかった。いい加減にあいさつをしたり、声が小さかったりすると、何度もやり直しをさせられた。また、気の抜けたプレーや、同じようなミスを繰り返した時などは、厳しく叱られた記憶もある。ただ、村上さんといって真っ先に思い起こすのは、やはり笑顔なのだ。子供から大人への階段を上ろうとしている選手たちをうまく乗せて、すべての選手の成長を促していた。

だからなのだろうか。中学生時代の野球は厳しいものというより楽しいものという印象が私の中に強く残っている。それは、村上さんがいたからにほかならないと私は思っている。

「いずれ大きくなるから焦る必要はない」中学生の私を救った父の言葉

くどいようだが中本牧シニアにはそうそうたる選手が揃っていた。なにせ中学1年生で身長が170㎝を超えているような大型の選手が何人もいるのだ。ピッチングをさせたらびっくりするように速く、バッティングをさせたらものすごい飛距離の当たりを連発する。

私の入団当時の身長は160㎝あるかないか。チームの中でちょうど真ん中あたりの背格好だったため、体格差のある選手と自分を比べて少し焦りのようなものを感じていた。

そんな時に声をかけてくれたのが父だった。

「体はいずれ大きくなる。今は無理をしないで自分にできることをやるべきだ。焦っても仕方がない」

この言葉を聞いて、スーッと胸のつかえが取れたような気がした。今、体格差のある選手に無理に勝負しなくてもよい。最上級生である3年生になった時、結果的に勝っていればよいと気持ちを切り替えた。

中学時代にとにかく打ち込んだのは、基本練習の反復だ。体を大きくするために食事は多めに取るように心掛けたが、筋力トレーニングをすることはほとんどなかった。成長途中で筋肉を付けすぎると、それ以上体が大きくならなくなってしまうからだ。

正しい姿勢でゴロを捕球する。正しいフォームでボールを投げる。正しい形でスイングをする。基本の反復練習は地味で単調だった。はっきり言って面白くないため、どうしても怠け心がわいてくる時もあった。

しかし、技を磨くためには、基本の反復が最も効果的な練習であることに間違いはない。「とにかく我慢」と自分に言い聞かせ、地味な練習を一生懸命取り組んだ。

いま振り返ると、この時期に基本をしっかり体に叩き込んでおいてよかったと思っている。そのおかげでプロ野球選手への道が開けたといっても言い過ぎではないだろう。

勇気と自信を与えてくれたノムさんのひと言

多感な中学生の頃、私はさまざまな人からのアドバイスで、野球選手として大きく成長することができた。野球は楽しいことを教えてくれた中本牧シニア監督の村上さんであり、焦らずに基本練習の大切さを説いてくれた父である。

そしてもうひとり、ある人物との出会いが、私にとっての大きな出来事となった。

その〝ある人物〟とは野村克也さんだ。

もはや説明するまでもないだろうが、現役時代に三冠王に輝いたことのあるプロ野球を代表する名捕手であり、監督時代には「ID野球」を掲げヤクルトスワローズ（現東京ヤクルトスワローズ）の黄金時代を築き上げた、あのノムさんである。

中本牧シニアは野村さんの妻の沙知代さんがオーナーを務めていた港東ムースというチームと仲が良く、定期的に合同練習を行っていた。

中学2年生のある日、多摩川のジャイアンツ二軍球場で港東ムースと練習を行っていると、沙知代さんと一緒になんと野村さんがグラウンドにやって来たのである。ちょうどスワローズの監督をしていた頃だ。

すると野村さんはとぼとぼとゲージまでやって来て、バッティング練習を見はじめた。

ちょうどバッティング練習をしていたのは私だ。野村さんは私のスイングを見て、こう話しかけてくれた。

「お前、なかなかいいバッティングをしているな」

野球をしている人間からしたら野村さんは雲の上の存在。そんな神様のような人から、お褒めの言葉をいただけたのである。それはもう、うれしくてたまらなかった。

恐らく野村さん本人は、何げなく口にしただけだろう。それでも、彼の言葉は私に自信と勇気を与えてくれた。

「あの野村さんにバッティングを褒められた」という喜びは、野球を続けていくうえで、大切な力となったことに間違いはない。

高校生・東海大相模高時代
1994年〜1996年

運も実力のうち
志望校に滑り込みセーフ

中学生にとってどの高校で野球をするのかは、今後の野球人生を大きく左右する大きな問題だ。クラブチームはある意味、進学塾に似たところがあり、いかに高校野球の強豪校に選手を送り込むことができるかが、親にとっての評価基準となる。

中本牧シニアは地元の名門横浜高をはじめ、主に横浜市内の強豪校への進学実績があるのも、人気の一端となっていた。とくに横浜高との結びつきが強く、チームの中心選手は横浜高へ進学するのがなかば慣例となっていた。

当時私も、横浜高の野球部長だった小倉清一郎さんから「お前も横浜に来いよ」などと声をかけられていた。小倉さんは渡辺元智監督の右腕と言われた人物。あの松坂大輔を発掘し、一人前の投手になるよう、指導をしたのがこの小倉さんだと言われている。

甲子園で全国優勝の経験がある名門校からのお誘いである。とてもありがたい話ではあったが、横浜高の野球は何となく自分とは合わないような気がして、ほかによい進学先はないかと思案していた。

そんなある日、中本牧シニア監督の村上さんと私の父、私の３人で進学先に関する三者懇談会が開かれることになった。

村上さんから志望校を聞かれたら、私は「桐蔭学園高か横浜商大高へ行きたい」と答えるつもりでいた。が、懇談会は私の思いもよらぬ方向へと展開していくことになる。

口火を切ったのは、父だった。

「息子を東海大相模高に行かせたいと思っています」

青天の霹靂とは、まさにこのこと。父から事前に何も聞かされていなかったので、私は驚いてしまった。

「僕もそう思っていました」

気がついたら、そう口にしていた。

実はこれまでに中本牧シニアから東海大相模高に行った選手はひとりもいない。恐らく伝手はなかったはずだ。それでも村上さんは、そんなことをまったくおくびにも出さず「わかりました。１回聞いてみます」と答えてくれた。

なぜ私を東海大相模高に行かせたかったのだろうか。父に尋ねたところ、こんな答えが返ってきた。

「お前には村中（秀人）監督の指導が絶対に合うと思ったからだ」

父も私と同じように、横浜高より東海大相模高の指導が私には合っていると感じていたようだ。

私が東海大相模高に入学できたのには、ちょっとした運があった。

同校が野球推薦として取る生徒は例年９人のみ。実は早々に９人が決まってしまっていたという。私が同校に入るなら、一般入試を突破するしか方法がなかった。

しかし、偏差値が２、３点足りず、合格できるかどうかは、微妙なところ。東海大相模高がダメなら、姉が通っていた公立の桜丘高に行くつもりだった。

ところが、である。たまたま推薦合格者の中に欠員がひとり出たのである。そこで、欠員補充のためのセレクションが急遽行われることに。どうやら中本牧シニア監督の村上さんがいろいろと動いてくれたおかげで実現することになったようだ。

セレクションで私のバッティングを見た東海大相模高監督の村中秀人さんは「フォームが自分に似ている」と感じ、ぜひ私と一緒に野球がしたいと思ったようだ。

空いた一枠分で採用してもらうことになり、トントン拍子で、東海大相模高への進学が決まった。まさに、滑り込みセーフだ。

「運も実力のうち」という言葉をよく耳にするが、私もまったくその通りだと思う。世の中で成功している人は、何かしらの運に恵まれ、チャンスを上手につかみ取ったからこそ、成功を収めることができたのだ。私の場合の運とは、希望のとおり東海大相模高に入学できたことである。

もし三者懇談で父が言い出さなかったら、もし私が頭の中に用意していた学校に行きたいと強く主張をしていたら、もし推薦枠に空きが出なかったら、もしセレクションで気に入ってもらえなかったら…。

いろいろな「もし」のうち、どれかひとつでもうまく行かなかったら、恐らく私は公立の桜丘高に進学していただろう。

桜丘高も決して弱くはないが、強くもない。同校で野球を続けていたとしても、プロ野球選手にはなれなかっただろう。プロのスカウトの目に触れる確率は、甲子園で優勝を狙えるような強豪校と、県大会でベスト8に行けるかどうかの公立校では、雲泥の差があるからだ。

そう考えると、ギリギリだろうと何だろうと、東海大相模高に滑り込み入学をすることができて、本当によかったと思っている。

1年からいきなりレギュラーに 先輩のユニホームを借りて試合に出場

東海大相模高に進学できたのも運ならば、野球部で出番をつかむことができたのもちょっとした運に恵まれてのことだった。

まだ入学式前の3月下旬。練習試合のためグラウンド整備を行っていた私に、村中さんが声をかけてきた。

「森野には試合に出てもらうぞ。ユニホームを先輩から借りてくるように」

突然のことに心の準備もないまま、私は憧れの縦縞のユニホームに袖を通すことになった。ポジションはファースト。寮で私と同部屋だった3年生の先輩がけがをしてしまったため、村中さんは代わりに私を使ってみることにしたそうだ。

私はその試合でホームランをかっ飛ばした。起用に応える活躍を見せた私を村中さんも気に入ってくれたようだ。それ以降の試合でもファーストのレギュラーとして、使ってもらえるようになった。

さらに5月の練習試合では、なんと4番に抜擢されたのだ。まさか試合に出るのもまだまだ先の話だと思っていたのに、いきなり4番を任されるとは…。思いも寄らぬ展開に、まるで夢でも見ているかのような気持ちだった。

後になって村中さんに聞いた話だと、私を4番に抜擢したのは2、3年生の先輩野手たちの奮起を促すためだったという。「入ったばかりの1年生に4番の座を奪われてしまっていいのか」という村中さん流の無言の檄だったようだ。

入部早々順調なスタートを切ることに成功した私だったが、その年の夏の全国高校野球選手権大会神奈川県予選には出場することができなかった。大会の2週間ほど前、練習中に足首をねん挫してしまったからだ。

チームも早々に敗れ、甲子園出場の夢ははかなく散っていった。

憧れの甲子園球場で未知の野球に衝撃を受ける

私の高校時代の一番の思い出と言えば、やはり甲子園に出場したことだろう。2年生で選抜高等学校野球大会（春のセンバツ）に出場した。卒業後、読売ジャイアンツからドラフト1位指名された1学年上の原俊介さんが4番キャッチャーでチームの要。私は2年生ながら中軸を任され、主に5番サードで出場した。

このチームは前評判も高く、ひいき目に見てもよい選手が揃っていた。私は優勝するものだと信じて疑わなかった。いや、私だけではなく、チームの全員が優勝を信じていたのではないだろうか。

1回戦で県立岐阜商業高に15対2で勝利し、甲子園で優勝するという思いは最高潮に盛り上がっていた。

そして迎えた2回戦。香川県の観音寺中央高と対戦した。失礼な話だが、相手は無名の初出場校。こちらは1回戦で手応えのある勝ち方をし、負けるなどとはみじんも思っていなかった。

その試合結果は、0対6で負け。

投打に圧倒され、手も足も出ないショッキングな負け方だった。驚いたのは、相手打者の振りの鋭さだ。打順に関係なく、どの選手も思い切りスイングする姿は守っていて威圧感があった。神奈川県では見たことのない未知の野球を目の当たりにして、私たちは大海を知らない井の中の蛙だったことを思い知らされた。

結局、高校3年間で甲子園に出ることができたのはこの一度だけだった。

最後の夏の甲子園をかけ宿敵・横浜高と対戦

2年の夏、3年の春と甲子園への出場を逃し、いよいよ甲子園へのラストチャンスとなる3年夏を迎えていた。

全国高等学校野球選手権大会の神奈川県予選が始まる1カ月前、東海大相模高は各地へ遠征し、精力的に練習試合を行った。富山商高、福井商高、帝京高、国士舘高、拓大紅陵高など、相手はどこも全国に名の知られた強豪校だ。

私は4番ショートで出場。中心打者として、チームを引っ張る存在に成長していた。バッティングは絶好調で、ここに名前を挙げた5校との試合ではすべてエースピッチャーからホームランを打っている。強豪校の好投手相手に結果を出せたことで、私は自信を深めていた。4番である私が打ちまくって、チームを甲子園に導きたいと考えていた。

チームは順調に勝ち上がり、迎えた準々決勝。最初の大きな関門を迎えていた。相手は宿敵の横浜高だ。

この試合で私は4回打席に入ったが、うち3回は敬遠されている。実はこの試合前、当時横浜高の野球部長だった小倉清一郎さんに「お前とは勝負しないぞ」と声をかけられていたのだ。

試合前に「勝負をしないと言ってきた時は、何を言っているのか理解に苦しんでいたが、まさか敬遠攻めをされるとは…。それだけ私の長打力は警戒されていたのだろう。

確かに、唯一勝負してもらえた打席ではホームランを打っている。ちなみに相手ピッチャーは大学、社会人を経て、ヤクルトスワローズ(現東京ヤクルトスワローズ)へ入団した松井光介だ。

松井だって後にプロ入りするほどの好投手である。敬遠などせず、堂々と勝負してほしかった。と同時に、「あいつとなら真っ向勝負が楽しめたのに…」と悔しい思いがこみ上げてきたことも覚えている。

あいつとは、中本牧シニアで同期だった丹波慎也のことだ。投げては球が速く、打っては大きい当たりが打てる典型的なエースで4番の好選手。横浜高へ進み、順調にエースとして成長をしていたが、ある日心臓発作のため還らぬ人となってしまった。

丹波が生きていれば、おそらく彼と対戦しただろう。彼なら私を3打席も敬遠することなどなかったはずだ。お互いに甲子園のかかった試合ではあるが、やるかやられるかの真剣勝負が楽しめたのではないだろうかと思わずにはいられなかった。


この試合を含め、神奈川県予選の5試合で私は14打数10安打。そのうちホームランが3本と打ちまくった。四球は6つ。なかなかまともに勝負をしてもらえないことはわかっていたので、大会前は外角高めに外したボールをライトへ引っ張ってホームランにする練習をしたほどだ。

もしこの夏の甲子園に出ていたら、高打率を残す自信はあった。神奈川県予選で残した数字は、その自信が過信ではなかったことを裏づけている。

打者・森野将彦としては、ある程度納得のいくものであったが、チームが勝たなければ意味がない。野球はチームスポーツ。個人の力では、どうにもできないことがあると気づかされた。

ちなみに、神奈川県予選の前に練習試合を行った富山商高、福井商高、帝京高、国士舘高、拓大紅陵高の5校は、すべてこの年の夏の甲子園に出場している。なんとも皮肉な話だ。

野球人生を大きく変えた恩師の無言の檄

卒業して中日ドラゴンズに入ってから現在に至るまで、村中さんとの交流はずっと続いている。中でも、私にとって忘れられない思い出がある。プロの壁にぶつかり、くすぶっていた私を救ってくれた出来事だ。3年目のシーズンオフのことだった。

1年目のプロデビュー戦でホームランを放つなど、プロ野球として華々しいスタートを切ることができたが、その後は鳴かず飛ばずの状態が続き、一軍からまったくお呼びがかからなくなってしまった。

結局2年目の1998年と3年目の1999年は、一軍へ昇格の機会はなく、まさに二軍でくすぶっていた。この頃はつまらないどころか、野球をするのが苦痛ですらあったほどだ。練習はただやらされていた。

二軍監督やコーチが、心配してあれこれアドバイスを送ってくれてはいたが、右耳から左耳へと流れていくだけ。自分からうまくなってやろうという気がないため、上達することもなかった。

「自分が伸び悩んでいるのは、二軍の監督やコーチたちの指導が悪いから」

自分のことを棚に上げて、人のせいにまでする始末だった。

プロ入りを自分のことのように喜んでくれた学校の恩師や仲間たちとも、次第に疎遠になっていく。一軍で活躍できず、いつまでも二軍暮らしが続く自分が恥ずかしかった。昔の仲間とは顔を合わせたくなかったのだ。

そんな失意の日々を過ごしていた3年目のオフのある日、一本の電話が私のもとにかかってきた。まさに私の人生の転機となった電話だ。

「森野、久しぶりだな。元気か？　久しぶりに一緒に野球をやろう。道具を持って、甲府まで来い」

電話をかけてきたのは東海大相模高時代の恩師である村中さんだった。

系列校の東海大甲府高の監督に就任していた村中さんが、なかなか芽の出ない私を案じて練習に誘ってくれたのだ。会わせる顔がないし、気が重かったが、野球道具をトランクルームに詰めて、甲府へと車を走らせた。

「明日は朝6時からランニングをするから、お前も参加しろ」

久しぶりにお会いした村中さんは私にこう言うと、野球部の寮に案内してくれた。ただ、寮といっても、見た目はおんぼろアパートだ。

手塚治虫や藤子不二雄など、昭和を代表する有名な漫画家たちが若い頃暮らしていたという「トキワ荘」のような木造アパートをイメージしてもらえると、よいだろう。

泊めてもらったのは、男性マネージャーの部屋だ。暖房器具はこたつだけ。冷たいすきま風が吹き込んできて、とにかく寒かった。

「とんでもないところに来てしまった」

私はこたつで横になりながら、そんなことを考えていた。

翌朝は5時に起床。6時前には東海大甲府高のグラウンドに着いた。あたりはまだ真っ暗。朝日が昇って来るまでには、まだまだ時間がかかりそうだ。気温は氷点下。冷気は肌を突き刺すよう。いままでに経験したことのない寒さだった。

この日の練習はランニング。学校のグラウンドを出発して、ゴールの昇仙峡を目指すというものだ。コースには4箇所ほどのチェックポイントがあり、時間内にそのポイントを通過することができないと強制的にリタイアさせられるというルールで行われた。

昇仙峡とは、四季折々の表情を見せる山々とその間を縫うように流れる川が織りなす自然景観が美しく「日本一の渓谷美」と評される甲府市北部にある観光スポットだ。

東海大甲府高のグラウンドから昇仙峡までは、片道十数キロの距離がある。しかも、ずっと坂道を上っていかなくてはならないのだ。平坦な道を走るだけでも大変な距離なのに、ましてや坂道である。ゴールをするまでに2時間はかかる、まさに苦行だった。

スタート直後、私は最後尾の生徒を励ましながら走っていた。

こう見えても私は走るのが苦手ではない。走り切る自信はもちろんあったが、先頭に立って走るのも、また違うという思いもあった。

最後尾を走るような生徒は基本的に走るのが苦手な選手だ。彼らにつき合って走っていると、一緒に脱落してしまうので、チェックポイント近くになるとペースを上げていた。1番目と2番目のチェックポイントは難なく通過できたが、残りふたつのチェックポイントは必死になってギリギリでなんとか通過した。

ずっと上り坂が続くコースのため、疲れがたまりやすかったのだろう。終盤はなかなか足が動いてくれなかった。また、坂道を上るということは、目線が下を向きがちになる。そのせいもあり、走りながら景色を楽しむ余裕はまったくなかった。

このコースの最大の難所はゴール近くにある心臓破りの坂だ。傾斜角度がそれまでと比べて格段にきつくなる。長い距離を走り、疲れ切った私には、大きな壁のように感じられた。私の中にある怠け心が、何度も「歩いてしまおう」と話しかけてきたが、何とか走り切ることができた。

プロ野球選手としての意地以外の何物でもなかった。

心臓破りの坂を上り切るとゴールは、もう近く。トンネルを抜けると、待ち受けていたのは昇仙峡の景色だった。朝日に照らされた昇仙峡は「美しい」のひと言。足はガクガク震え、立っているのがやっとの状態ではあったが、目にも鮮やかな景色と、やりきったという思いで、私の心は充実感で満たされていた。

正直に言うと走る前、いや走っている途中も、「この練習に何の意味があるのか」という疑問を抱いたままだった。

とにかく村中さんを信じて「いま自分にやれることをやってみよう」という心境でひたすら走ったのだが、走り終えると不思議な感情がわいてきた。何かが吹っ切れたような気持ちになったのだ。

プロ野球選手になったものの活躍できずに恥ずかしい気持ち、それでも「自分はプロ野球選手だ」と格好つけたい気持ち、プロで活躍できないのは自分ではなく指導者が悪いからと他人のせいにする弱い気持ち…。

この頃の私はこうした感情が複雑に絡み合っている状態で、野球から逃げていた。このランニングを走り切ったことで、自分の中にあった弱い感情がすべてきれいに洗い流されたような気がしたのだ。

「四の五の言わず、来シーズンはとにかく一生懸命やってみよう」

あまりにも結果を追い求め過ぎていたため、どうやらプレーをする前段階である気持ちの持ちようから間違っていたのだと気づかされた。

「結果を出せていなくて恥ずかしいからあいさつに行けない」という後ろ向きの考えではなく、「一生懸命プレーしているがなかなか結果が出ない」と堂々とあいさつに行き、堂々とアドバイスを求めればよかったのだ。

村中さんはもともと雄弁な方ではないので、私を甲府まで呼びつけた理由は教えてもらっていない。

私が村中さんの立場になって推測すると、「森野が間違った方向へ進もうとしているようなので、軌道修正をはかるために呼びつけた」といったところではないだろうか。

この時いい加減に走っていたら、得るものはまったくなかったことだろう。翌シーズン限りで戦力外通告を受けていたかもしれない。歯を食いしばってやり遂げたことで、新たな展望が開けたのだと思っている。

村中さんの〝無言の檄〟は、私にとって十分な効き目があったようだ。さらけ出した私のことを受け止めて、その上で、的確なアドバイスをしてくれる人の存在はとても大きいことに気づくことができたからだ。この昇仙峡でのランニングをしていなかったら、今の私はないだろう。

それほど私の中では大きな出来事だった。

そう考えると村中さんには感謝してもし切れない。高校生活が終わったといえ、恩師と生徒という関係はいつまでも続くものなのだ。

この日を境に私は、ガラッと変わった。生まれ変わったと言ってもいい。

不安や不満を溜め込まず、「わからないものはわからない」と自己主張できるようになったのだ。人の話にもしっかり耳を傾けるようになった。その上で必要なものは取り入れ、不必要なものは捨てる、情報の整理法も身につけた。

不思議なもので、それまでは何事もすぐにマイナスに考えがちだった私が、失敗を恐れないポジティブなものに変わっていく。打席でも相手を飲んでかかれるからだろうか、打撃成績も向上していった。昇仙峡は、すべてを好転させた、私にとって大切な場所である。

第三章　私を使いこなしてくれたプロ野球の恩師たち

猛練習を課して私を鍛え上げたオレ流・落合博満さん、
北京五輪でも共に戦った闘将・星野仙一さんなど、
プロ入りしてから私は6人の監督に仕えてきた。
それぞれの監督から何を学んだのかを振り返る。

星野仙一監督時代 1997年～2001年

プロ生活を支えたスカウトとの出会い

1996年11月21日は、私にとって大切な記念日だ。ドラフト会議が行われ、中日ドラゴンズから2位で指名を受けた。「プロ野球選手になる」という子供の頃からの夢が叶った日だ。

家族、野球部のみんな、クラスメイトなど、周囲の人たちが次々にお祝いの言葉をかけてくれた。父の勝彦は「将彦に野球をやらせてきてよかった。私は間違っていなかった」と涙を流して喜んだ。親孝行ができた気分だった。

指名してくれたのがドラゴンズであったことも喜びを倍増させた。なぜなら、どこよりも早く私に興味を持ち、どこよりも高く評価をしてくれた球団だったからだ。

担当のスカウトは石井昭男さん。1980年代に代打の切り札として活躍した右の強打者だ。古くからのドラゴンズファンにとっては、懐かしい名前ではないだろうか。

母校・東海大相模高の先輩である石井さんは、私の1学年上で1995年のドラフトで読売ジャイアンツから1位指名を受けた原俊介さんを視察に来た際、バッティング練習をする私を見て「いい選手。ぜひうちに欲しい」と思ってくれたそうだ。それからずっと私のことを気にかけてくれていたという。

私が不安なくプロ野球選手としてのスタートが切れたのは、石井さんのおかげと言っても言い過ぎではない。

相談に乗ってもらったり、食事をごちそうしてもらったり、名古屋の街を案内してもらったり、本当の家族のように接していただいた。

私の野球人生は、たくさんの素晴らしい人たちとの出会いによって、充実したものとなっているが、石井さんもその中のひとり。

私を「プロの世界でも通用する」と評価してくれる人が、偶然にも同じ高校の先輩だったという巡り合わせに感謝している。

人は決してひとりで生きていくことはできない。だからこそ、出会いは大切。困った時に手を差し伸べ、力を貸してくれる石井さんと出会えたことは、何よりの財産だと思っている。

ちなみにこの年のドラフトは「超」のつく当たり年だった、千葉ロッテマリーンズ現監督の井口資仁さん、2019年までドラゴンズの二軍監督だった小笠原道大さん、メジャーリーグで200勝を達成した唯一の日本人である黒田博樹さん、平成唯一の三冠王・松中信彦さん…。思いつくままに名前を挙げただけでも、名選手がズラリと並ぶ。

そうそうたる顔ぶれの中、2位という高い評価をいただけたことは素直にうれしかった。プロ野球人生を送るに当たって、大きな自信になったことは言うまでもない。

闘将の第一印象は見た目通りの恐い人

いよいよ始まったプロ野球人生。最初の監督は星野仙一さんだった。

現役時代のニックネームは「燃える男」。ドラゴンズのエースナンバー「20」を背負い、気迫の投球でファンをわかせた。1987年に40歳の若さで監督に就任すると、自ら先頭に立ってチームを引っ張り、闘う集団を作り上げた「闘将」である。こうした説明も不要なほど、野球界に限らずその名を知られた存在だ。

初めてお会いしたのは、入団会見の時だった。

第一印象は、とにかく恐い人。おそらく世間一般の人々が抱いているイメージのとおりだろう。会見場には予定時間より5分ほど遅れてやって来たが、姿を現した瞬間に、間延びして少し淀んだ現場の空気を、ピリッと一変させた。まるでオーラが服を着ているよう。圧倒的な存在感を放っていた。

もし星野さんが街中の100メートル離れた場所にいたとしても、すぐにわかるに違いない。そんな冗談が、冗談とは思えないほど星野さんの存在感は極まっていた。

もちろんあいさつはしたが、会話を交わすなんてとんでもない話だ。下手な口をきくと、どやされてしまいそうだったので、私は星野さんの横で終始押し黙っていた。

そんな星野さんと会話ができるようになったのは、北京オリンピックの代表メンバーに選んでいただいたあたりから。こちらも選手として自信がついたのが、一番の理由だろう。高校出たての頃を思うと、プロ入り後の十数年で随分と成長したものだなと感じる。

5年間でわずか81試合力になれないもどかしさ

私がドラゴンズに入団してから5年間、星野さんの下でプレーしたが、まったくと言っていいほど戦力にはなれなかった。

出場した一軍の試合はわずか81試合しかない。

唯一インパクトを残せたのは、プロ初出場となったヤクルトスワローズ（現東京ヤクルトスワローズ）戦だ。日付は忘れもしない1997年8月29日。8番ショートでスタメン出場を果たすと、テリー・ブロス投手からプロ初ヒットとなるホームランを放った。

とにかくどんな球でも食らいついていこうと、無我夢中でバットを振ったら、たまたまボールがバットの芯に当たった結果だった。

ちなみに高卒の新人野手がホームランを打ったのは、ドラゴンズでは立浪和義さん以来の快挙だという。憧れであり、目標でもある立浪さんに一歩でも近づけたかと思うと、とてもうれしかった。

ただし、私が一軍に呼ばれた背景を考えると、喜んでばかりもいられなかった。実力で勝ち取ったわけではなく、あくまでお試し的要素が強かったからだ。

この年、チームは最下位。私が一軍に呼ばれた時点ではすでに、目先の勝利を追うのではなく、未来につながる選手の育成を主眼に、若手選手を積極的に起用する方針となっていた。

もちろん私もお試しで使ってもらえたわけだが、決して二軍で好成績を残していたからではない。一軍で通用する力がないのに使ってもらえたのだ。そしたら、たまたま出合い頭のような形でホームランを打ってしまったのである。

実力があるわけではないのに、初めて出場した試合で望外の結果を出してしまったことが、その後の私を苦しめることになるとは…。ホームランを打った時点ではまったく思いもよらなかった。

その苦しみから抜け出すヒントを得たエピソードは「野球人生を大きく変えた恩師の無言の檄」（P71）に詳しく書いてある通りだ。

二軍で練習をするのは一軍で結果を残すため

高校時代の恩師である東海大相模高監督の村中秀人さんとの昇仙峡での特訓で、甘えた心と決別した私は、翌2000年シーズンから、少しずつ一軍での出場数を増やしていった。

これまでとの一番の違いは心の持ちようだ。例え二軍で練習をしている時でも、一軍の試合に出て活躍するために、いま何が必要なのかを自分なりに考えるようになっていた。

「二軍のホームラン王」とか「二軍のエース」などと呼ばれ、二軍では大活躍をしているものの、一軍に上がるとなかなか結果を残せない選手がよくいるが、こういう選手は二軍で結果を残すための練習をしているから、一軍では通用しないのではないかと思われる。

プロ野球選手になったのはあくまで一軍で活躍するため。一軍で結果を残すためにどうしたらよいのかを突き詰めて考えていくと、自ずといまの自分に足りないものや、いまのチームが求めているものが見えてくるはずだ。

例えば、一軍でレフトを守っている選手がバッティングの調子を落としているとしよう。「あの選手、調子が悪いから二軍に落とされるかも」とただ思っているだけの選手と、「選手の入れ替えがあるかもしれないから、いつ呼ばれてもいいようにレフトの練習をしておこう」と思う選手と、一軍の首脳陣はどちらの選手を使いたいと考えるだろうか。

答えはもちろん後者である。2000年頃からは、「私の働き場所はどこにあるか」という目で一軍の試合を見るようになった。「ここが手薄だ」と思うポジションがあれば、そのポジションの練習も積極的に行うようにした。

恐らく、当時二軍監督だった仁村徹さんも、私の考え方の変化に気づいてくれたのではないだろうか。「森野は最近、目の色が変わってきたぞ」と思っていたに違いない。それまで3年間二軍暮らしが続いていた私を、一軍に推薦してくれるようになったからだ。

さらに二軍の選手をやる気にさせたのが、星野さんの起用法だ。一軍に上がると、すぐに試合で使ってくれた。せっかく一軍に上がってもチャンスがもらえないと選手は「やっぱりダメか…」となってしまう。たとえ結果が出せなくて二軍に落とされたとしても、「また頑張ろう」と思えるものである。

思い切って振れ！
指示の裏に隠された真意

プロ４年目は28試合、５年目は40試合に出場した。二軍の試合である程度の成績を残し一軍に呼ばれるものの、一軍では思う通りの結果が出せないということの繰り返しだった。とにかく欲しかったのは一軍での結果。だが、それを求め過ぎるあまり、プレーが小さくなるという悪循環に陥っていたようだ。

「結果なんか気にせず、思い切ってやらんかい」

凡打をしてベンチに戻った時、星野さんからよくこんな言葉をかけられた。選手を使っているのは監督。結果の責任は監督が取るから、選手は萎縮せずに思い切りプレーすればいい。

星野さんが私にかけた言葉の裏にある真意は、このようなことだろうと推測できる。無名の若手選手に実戦でチャンスを与えて育ててきた星野さんらしい、いかにも男気のある考え方ではないだろうか。

日本代表になって星野さんに恩返しを

星野さんとの一番の思い出と言えばやはり、北京オリンピックで一緒に戦ったことである。先述の通り、星野さんがドラゴンズの監督を務めた5年間、私はまったく活躍することができなかった。入団時に7番というよい背番号を用意してくださったのは、恐らく私への期待の現れだろう。しかし、ろくな成績を残すことができなかった。星野さんの期待を裏切ってしまったという負い目は、ずっと持ち続けていたのだ。

そんな私にとって北京オリンピックは、リベンジの場でもあった。私の成長ぶりを星野さんに見ていただくと同時に、星野さんへメダルをプレゼントしたいと考えていた。

「何が何でも金メダルを取って星野さんに恩返しをする」

私はそんな思いを持って北京オリンピックに臨んだのだ。

初めて私が野球の日本代表入りを果たしたのは、北京オリンピックへの出場権をかけたアジア最終予選（2007年アジア野球選手権大会）だ。2007年12月に行われた。日本、韓国、チャイニーズタイペイ、フィリピンの４カ国が総当たりで対戦し、1位だったチームのみが北京への出場権を獲得できる。

2位になると、世界最終予選に回ることになる。サッカーの日本代表戦でよく耳にするが、まさしく「絶対に負けられない戦いがそこにある」のだった。

アジア最終予選で日本代表デビュー

アジア最終予選の初戦はフィリピン戦。私にとっては日の丸を付けて挑む、初めてのゲームだ。試合前の国歌斉唱では、グッとこみ上げてくるものがあった。

途中まで相手投手を打ちあぐねたものの、最後は打線が爆発し、10対0で7回コールド勝ちした。

ベンチスタートだった私は、村田修一さん（横浜ベイスターズ）の代走として出場。そのままサードの守備に入っている。

正直、フィリピンとの実力差はかなりあった。ただし緊張感は普段の試合とは比べ物にならないほどだった。予選でこの緊張感である。オリンピック本番になったら、どれほどのプレッシャーがかかるのか、想像すると恐ろしかった。

続いては宿敵韓国との対戦。私は9番サードで先発出場した。2回にランナーを置いた場面で打席が回ってきた。当たりは平凡なセカンドゴロだったが、相手がエラーをして得点が入った。はっきり言ってバッティングの内容は褒められたものではなかったが、チームの得点に絡むことができたため、ホッとひと安心した。

通常のペナントレースでは味わえない、このヒリヒリするような緊迫感は経験したくても、なかなかできるものではない。そういう意味では、よい経験を積ませてもらえたと思っている。試合は、4対3で日本が勝利した。

翌日のチャイニーズタイペイ戦は10対2と圧勝。北京オリンピック本選出場を決めた。この試合、私の出番はなかったが、代表戦はベンチにいるだけでも通常の試合と比べ緊張度がまったく違う。本選出場の安堵ともに大きな疲労感が私を襲った。

けがをした私に「待っているぞ」とメッセージ

２００８年は北京オリンピック本番の年だ。アジア最終予選では代表に選ばれていたが、本番で選ばれるとは限らない。ペナントレースでよいパフォーマンスを見せることが大切だと考えていた。

しかし、度重なるけがに見舞われ、よいパフォーマンスを見せるどころではなかった。

春のキャンプで左手甲を骨折。なんとか開幕には間に合ったものの、５月には左足を傷めてしまう。診断結果は左ふくらはぎの肉離れ。７月に戦列に戻ったものの、８月の北京オリンピック本番に間に合うかどうかは微妙な状況だった。

それでも星野さんは、私に「待っているからな」と連絡をくれていた。北京オリンピックでも大事な戦力として考えてくれているということだ。大事なところでけがをしてしまったというのに…。星野さんの気持ちがうれしかった。

星野さんはなぜそこまで私のことを買ってくれていたのだろうか。代表チームというと、各ポジションにプロ野球界を代表するスペシャリストが集まってくるチームである。ただし、ベンチ入りの人数は限られている。そこでバッティングがよく、しかも内外野ならどこで守れるユーティリティプレーヤーの私は、国際大会にはうってつけの存在だったのだろう。

実際に星野さんからも、「内野も外野も守れるように準備しておいてほしい」と声をかけられていた。そのため北京にもファーストミット、内野用グラブ、外野用グラブの3つのグラブを持ち込んでいた。これだけのグラブを用意していたのは、代表メンバーの中でももちろん私だけだ。

星野さんは私に、守備面だけではなく、バッティング面でも期待をかけてくれていたようだ。内野守備ならどこでも守れる守備の達人、宮本慎也さん（東京ヤクルトスワローズ）もメンバーに入っていたことからも推測できる。けがはしたものの、この年はバッティングも好調をキープしていたため、攻撃のカードとしても考えられていた。

とにかく私は星野さんからの「待っているぞ」というメッセージを励みにリハビリに取り組んだ。何とか傷も癒え、北京オリンピックの代表チーム入りも果たすことができた時は、ひと安心。ほっと胸を撫で下ろした記憶がある。

北京五輪本番は苦しい戦いが続く

２００８年８月13日、いよいよ北京オリンピック野球競技の開幕を迎えた。予選リーグ初戦の対戦相手はキューバである。

選手・スタッフ全員が集まったロッカールームでは星野さんのこんな檄が飛んだ。

「日本の野球を世界に見せつけてやろう」

ドスの効いた声を聞くと、不思議なほどに気持ちが高まり、体中の力がみなぎるのがわかる。私はとても気合いが入っていた。

それもそのはず、３番レフトでスタメン出場をするからだ。選考の際には、基本はバックアップだと聞いていたが、まさかこの大事な試合でいきなりクリーンアップを任せてもらえるなんて、考えてもいなかった。

「星野さんに恩返しをするためにも、とにかく結果を出そう」

私は自分にそう言い聞かせ、試合に臨んだ。

結果は２打数０安打、四球がひとつ。３番打者としての役割は果たせなかった。試合も２対

4で敗戦。エースのダルビッシュ有（北海道日本ハムファイターズ）で敗れ、チーム全体が浮き足立ったように感じた。

続くチャイニーズタイペイ、オランダは実力的にも下の相手ということもあり、確実に2連勝を決めた。私は両試合とも3番でスタメン出場した。

チャイニーズタイペイ戦では3打数0安打に終わり、途中でドラゴンズの先輩、荒木雅博さんと交代している。

オランダ戦では初回に先制のタイムリーヒットを放った。この日は計2安打。ようやく初ヒットを打てただけではなく、チームの勝利に貢献することができた。これから調子を上げていけそうな手応えをつかめた試合だった。

しかしその後、チームも私も苦戦が続く。

予選リーグ残りの4試合は2勝2敗。決勝トーナメント進出は決めたものの、メダルを争うことが予想された韓国とアメリカに負けたのは痛かった。

私はスタメンだったり、ベンチだったりしたが、とにかく使ってもらった場面で結果が残せるよう全力を尽くした。が、私は思うようなバッティングはできなかった。

そして迎えた準決勝。相手は宿敵の韓国である。予選から数えると3試合目。手の内を知りつくした相手だ。日本は2点を先制し優位に試合を進めるも、終盤の7回に追いつかれ、8回には致命的な4点を献上。2対6で敗れ、決勝進出を逃がしてしまった。

翌日の3位決定戦はアメリカと対戦。先制し3回表終了時点で4対1とリードしたものの、その裏にすぐに追いつかれてしまう。5回には一挙4点を奪われ、リードを許すと、反撃する力は残っていなかった。最終スコアは4対8。まさかのメダルなしという結果に終わってしまった。

準決勝、3位決定戦ともに私は代打で出場。いずれの打席も三振に倒れている。北京オリンピックでの私の通算成績は18打数2安打1打点。打率1割1分1厘と低調に終わった。

「星野さんに恩返しを」と意気込んで臨んだが、まったく期待に応えることができなく、悔しさだけが残った。

選手の選考はこれでよかったのか、起用法に間違いはなかったか、国際球への対応はできていたか、ストライクゾーンの違いに対応する術はなかったのか、延長タイブレーク制という特殊なルールへの準備はできていたか…。敗因を探せばいろいろと出てくるだろう。まさに草野球並みの信じられない落球を連発した選手もいた。

だが、一番の敗因は国際大会を戦う上での準備不足ではなかったか。本気で金メダルを目指すなら、例えば事前に合宿を行ったり、国際審判を呼んで実際に試合をさばいてもらったり、ちょっとしたアイデアを出せばいくらでも対応できることはあったのではないかと思う。

野球界が一枚岩となって、もっとオリンピック前にやれることがあったのではないかといまさらながらに思っている。

どの出場国もメダルを獲得しようと必死の思いで挑んでくる。あの時の日本代表にそこまでの思いはなかったのかもしれない。この教訓はぜひ、次のオリンピックや国際大会で生かしてほしいと切に願っている。

それでも、日の丸を背負う重みを肌で感じることができたし、国際試合を戦うことによって、自分自身をあらためて見直すきっかけにもなった。今後の野球人生の中で、財産となる経験をたくさんさせてもらったことは事実だ。私を選んでくれた星野さんには心から感謝したい。

何より、私をプロ野球の世界へといざなってくださった星野さんとともに世界一を目指して本気で戦えたことは、いまでも誇りに思っている。

銅メダルを取って首にかけてあげることができれば、せめてもの恩返しになったのだが…。あとわずかなところでメダルを逃してしまったことが、唯一の心残りである。

星野さんは北京オリンピックの後、２０１１年に東北楽天ゴールデンイーグルスの監督に就任した。交流戦でイーグルスと対戦した時は、決まってあいさつに行ったものだ。

「北京ではぜんぜん打たんかったなあ」

私の顔を見ると、必ずそんな言葉をかけてきた。

冗談まじりで話しているのはわかるが、こちらから返す言葉もなく、恐縮していると…

「けがだけはするなよ」

と、柔和な笑顔で最後を締めるのがいつものパターンだった。

普段はとても厳しい人。ドラゴンズの監督時代は褒めてもらったことなどなかったのだが、ふとした時にこうした優しさを見せるのが、星野さんが「人たらし」などと言われる所以。「この人のために頑張ろう」となぜか思えてくるのだ。

かく言う私もそのひとり。星野さんが監督でなかったら、「北京で恩返しを」などと思うことはなかっただろう。

山田久志監督時代 2002年~2003年

エラーふたつで屈辱の懲罰交代

私がプロ野球選手としての足固めができたのは、山田久志さんが指揮を執った、2002年、2003年の2年間である。

それぞれの成績は次の通りだ。

2002年　84試合に出場、打率2割2分5厘、14打点、5本塁打

2003年　89試合に出場、打率2割7分1厘、33打点、6本塁打

まだまだ足りないが、2001年までの5年間と比べれば大きく飛躍している。中でも顕著なのは、スタメンでの出場機会が増えたことだ。

2002年は主にセカンドとして52試合、2003年はセカンドあるいはショートで57試合

に出場している。

人づてに聞いた話だと、山田さんはことのほか私のことを買ってくれていたようで「森野はいいよ」「あいつは使えば伸びるよ」ということを周囲に話していたそうだ。

現役時代は黄金期の阪急ブレーブス（現オリックス・バファローズ）のエースとして284勝をマーク。「プロ野球史上最高のサブマリン投手」などとも呼ばれるレジェンドだ。私など足元にも及ばないものすごい実績を残しているが、普段から温厚で物腰がやわらかく、選手にも気さくに声をかけてくれるような監督だった。

ただし、シビアな一面も持ち合わせていた。

それを実感させられた試合がある。2003年5月15日に石川県立野球場で行われたヤクルトスワローズ戦だ。

この試合に6番ショートでスタメン出場していた私は、立て続けにエラーをしてしまったのだ。ひとつめは捕球ミス。目の前に転がってきた平凡なショートゴロを弾いてしまった。ふたつめは送球ミス。ダブルプレーを狙ってセカンドベースからファーストへ送球した際、大きくボールがそれてしまった。

二度目のエラーをした後の山田さんの対応は早かった。

ベンチの酒井忠晴さんとすぐに交代させられたのだ。いわゆる懲罰交代である。ベンチに戻る私に観客席から野次が飛ぶ。エラーをした自分に腹が立ち、交代させられた自分が悔しかった。

ベンチに戻った私に山田さんが何か声をかけてくることはなかったが、「失敗は一度までなら許す。ただし同じ失敗を二度繰り返してはならない」と厳しい叱咤の声が聞こえてくるようだった。

この日、試合が行われたのは、慣れない地方球場の慣れない土のグラウンド。普段野球をやっている人工芝のナゴヤドームとは、まったくと言っていいほど環境は違っているが、それは単なる言い訳にしか過ぎない。

要するに、私の技術がまだまだ未熟だったのだ。特に内野のポジションを奪おうと思ったら、どんなグラウンドコンディションでも確実にゴロをさばく技術を身につけなければならない。まだまだ全然鍛え足りないことを痛感させられるプレーだった。

これは次の監督の落合博満さんにも共通しているが、試合で使ってもらいたいなら、まずは守備を磨く必要がある。とくに広いナゴヤドームでは、攻撃力よりも守備力が大切になるからだ。

高い代償を払うことになったが、あらためて守備の大切さを思い知らされた金沢の夜となった。

高く立ちふさがった
ブルー・スリーの壁

プロ野球史上最高の二遊間コンビと言えば、荒木雅博さんと井端弘和さんの「アライバコンビ」のほかにいないだろう。このアライバコンビを確立したのも山田さんだ。

前項で山田さんが監督になって50試合ほどスタメンで出場したという話に触れたが、あくまでレギュラーはアライバ。私はどちらかがけがをした時のバックアップ的な立場だった。

このふたりに福留孝介さんを加えた「ブルー・スリー」（球団が公募した荒木さん、井端さん、福留さんの1～3番の愛称）は私にとって大きな壁となって立ちふさがった。

年齢は、井端さんが3歳上、荒木さんと福留さんが1歳上。彼らを抜かさない限りレギュラーになれないが、一生抜けないのではないかと思うほど、3人は数歩も先へ行っていた。

私は常にこの3人の壁をどう破るのかを考えていた。

実力で上回るのか、けがをするのを待つのか、ほかに空いているポジションを奪いにいくのか…。

2004年に落合さんが監督に就任すると、私はレフトやファーストなど、空いているポジションのレギュラー獲りに名乗りを上げることにした。プロ野球選手は「試合に出てナンボ」だと考えたからだ。

「ブルー・スリー」の存在は、私がユーティリティプレーヤーとしての道へ進むきっかけになったかもしれない。

落合博満監督時代 ２００４年～２０１１年

実は一本芯の通ったオレ流サプライズ

策士、不気味、何をやってくるか分からない…。

２００４年から中日ドラゴンズの監督に就任した落合博満さんに対する世間のイメージとは、このようなものではないだろうか。

ドラゴンズの監督に落合さんがなると聞いた時、私は「いったいどんな人なのだろう」と不安を覚えたのは事実である。

ほどなく落合さんは、サプライズを次々と仕掛けてきた。

「オフの補強も解雇もない」

「現有戦力の能力を10％底上げすれば優勝できる」

「2月1日のキャンプイン初日に紅白戦を行う」

プロ野球界の常識では考えられないような話に、話題の欲しいマスコミはすぐさま飛びついた。オレ流監督は次にどんなサプライズを仕掛けてくるのか。その一挙手一投足に注目が集まった。

そのサプライズの極めつけが開幕投手に川崎憲次郎さんを起用したことだろう。

これで落合さんに対するイメージは「何をしでかすか分からない人」というもので一気に固まった。

秋の沖縄キャンプでいろいろな話をし、その言動や行動をつぶさに観察してきた私が抱いた感想は、マスコミが勝手に落合博満像をつくり上げているのではないかというものだった。

私に言わせると、落合さんの考えは実にシンプルでわかりやすい。発言が突飛なものなので、「この人は何を言っているんだ」と思われがちだが、よくよく冷静に見てみると言っていることと、やっていることにかい離はない。一本芯が通っているのである。

落合さんがやりたかったことは、落合さんなりにチームを正すこと。すべての選手に一度はチャンスを与えた上で、使える選手と使えない選手の見極めを自分の目で確かめたかったのだろう。

そう考えれば補強も解雇もしないという方針にはうなずける。

10％の能力引き上げは、私たちのようなレギュラーの一歩手前の選手や若手のやる気を引き出すための〝魔法の言葉〟ではなかったか。

例えばレギュラー陣の力が100で、これ以上の上積みがないとすると、90や80の力しかない自分たちが、95や100の力をつけることでチーム力をさらに引き上げることができる。チーム浮沈のカギは、レギュラーではなく、むしろ控え組が握っていると考えると、より力が入るというものだ。

こういう話を選手に直接話すと客観性に欠けると思ったのであろうか。マスコミを使ってやる気を促すのは、うまいやり方だと感心した。

こうやって落合さんの言葉の裏にある意図を想像し、ひも解いていくと、「このおっさん意外とまともなこと言ってるじゃん」という結論にたどり着くのだが、そう思ったのは私だけだろうか。

キャンプイン初日に紅白戦を行うのは、選手個々の自己管理能力を確かめるためである。2月1日にしっかりプレーできる状態に合わせ、結果を出した選手は使える人間。反対にコンディションづくりができなかった選手は、自己管理能力のない使えない人間という線が引けるからだ。

川崎さんを開幕投手に指名したのは、すべての選手にチャンスを与えるという考えの一環。けがで苦しみ3年間投げることができなかった川崎さんを、開幕戦に起用することでチームの全員に「努力をしている選手には必ずチャンスを与える」というメッセージを送りたかったのではないだろうか。

事実、２００４年は60人以上の選手が一軍の試合に出場している。支配下登録できる人数は70人なので、ほぼ全選手にチャンスが与えられたことになるのだ。

落合さんが監督を務めたのは２００４年からの８年間。私がレギュラーの座を獲得し、プロ野球選手として確固たる地位を築いた期間と時を同じくする。私が最も大きな影響を受けた監督だと言えるだろう。

強くもないが弱くもない
10％の底上げで見事に優勝

戦力10％の能力底上げを掲げ、２００４年のシーズンに突入したドラゴンズ。開幕で劇的な勝利を収め３連勝と絶好なスタートを切ったが、正直に言って選手の中には強くなったという実感はなかった。

次第に負けが込み始め、5月のはじめには最下位に転落してしまう。だが、選手は誰ひとり、決して弱いとも思っていなかったのである。

そして5月末のあたりから、じわじわと貯金ができてくると、6月には首位に。後は読売ジャイアンツをはじめライバルの追撃を許さず、そのまま首位の座を守り切った。

チームが強いという手応えはあるような、ないような、不思議な感覚。「10%の能力底上げをしたら優勝できる」という落合さんの暗示に、全選手が本当にかかっていたのではないだろうか。そう思えるほど手応えを感じないままの優勝だった。落合さんは本当に予言者なのかもしれない…。ロッカールームで仲のよい選手とそんな話をしたりもした。

リーグ優勝のその裏で使えない選手の大リストラ

日本シリーズでは敗れたものの、就任1年目でいきなりリーグ優勝という結果を残した落合さん。ただ、優勝したからと言って浮かれてばかりもいられなかった。

落合さんが「使えない」と判断した選手の大リストラを行ったのだ。

チームの約2割に当たる十数人の選手と契約を結ばないことになった。

現在、ドラゴンズでスコアラーをしている前田新悟もそのひとり。明治大出身の内野手で、私と仲がよかった。

2004年の6月12日と13日に行われた秋田遠征で、前田は一軍に呼ばれた。その試合前に事件が起こる。ノックの球がイレギュラーし、前田の顔面を直撃した。左目が腫れ上がり、「四谷怪談」のお岩さんのようになってしまったのだ。

ベンチにいた落合さんは、前田が戻ってくるとこう話しかけた。

「(そんな顔をして)お前、ボール見えてるの」

「はい、見えてます」

「じゃあ右目を閉じてみな。これ何本かわかるか?」

「………」

「じゃあ(試合出場は)ダメだな」

落合さんが指を何本出しているか前田に見えるはずはなかった。答えに窮し、無言の前田はそのままベンチを外れ、翌日には一軍登録を抹消された。

結局前田は、次のチャンスをもらえないまま、シーズンオフに戦力外通告を受ける。入団3年目、まだ一軍で1本もヒットを打っていなかった。

前田は本当に運が悪かった。ポテンシャルの高い選手だっただけにもったいないとも思うが、落合さんからしたらチャンスが与えられる試合の前にけがをしてしまうような選手は「持ってない」ということになるのだろう。

明日はわが身。

非情とも思えるリストラを断固たる決意で推し進める落合さんの姿を見て、あらためてプロ野球は厳しい世界なのだと思い知らされた。

就任1年目は私たち選手とも積極的に会話をした落合さんだったが、この大リストラを機に選手たちと距離を取るようになったと思う。選手との関係性が密になると、どうしても私情を挟みやすくなるからと考えたではないだろうか。

そういう配慮の仕方は落合さんらしいと言える。

試合展開を読む力で代打起用もズバリ的中

「落合さんは本当に予言者かもしれない」

そう思えたことがシーズン中に何度かあった。落合さんは本当にゲームの流れを読む力に長けていると思う。タイムマシンで未来へ行って、見てきたのではないかと思うほど、代打などの策がピタピタと当たるのだ。

記憶に残っているのは2005年4月6日に神宮球場で行われたヤクルトスワローズ（現東京ヤクルトスワローズ）戦。相手ピッチャーの藤井秀悟さんが素晴らしい投球を見せ、8回まで14三振。得点を取れる雰囲気はまったくなかった。

ところが9回、一気に試合が動く。

スワローズは抑えのエース、五十嵐亮太をマウンドへ。五十嵐は150キロを超える豪速球が武器のパワーピッチャーだ。二死1、2塁から代打の私が3ランホームランを放ち、同点に追いついたのだ。

「9回は五十嵐が出てくるぞ」

落合さんは5回、ベンチ裏で素振りをしていた私の元にきて、ぼそっとこう言った。いくら藤井の調子がよくても9回は抑えの五十嵐に代わるはず。必ずチャンスが来るから、その時に私を使うというのだ。

しかも、「下位の打順に合わせて」とおおよその打順まで指定した。

そこまでお膳立てしてもらえれば、代打としてはありがたい。出番に合わせて集中力を高めやすくなるからだ。

果たして落合さんの予言通り、ランナーが2人いる場面で代打が告げられた。ホームランを打てば同点の場面である。

「ここで一発打てば、ヒーローは私だ。ここで結果を出せば、次の試合ではスタメンで使ってもらえるかもしれない」

私は自分にそう言い聞かせて打席へ向かった。狙いはストレート一本。五十嵐の球威に負けないよう、バットを強く振るだけだった。

私の同点弾で息を吹き返したドラゴンズは、さらに福留孝介さんのタイムリーで勝ち越し。見事に逆転勝利を収めた。

それにしても落合さんの洞察力、展開を読む力は見事だった。投手と打者の力量などを踏まえ、先々の展開を推測する能力は、プロ野球界随一ではないだろうか。

実際にこの年、代打ホームランがセ・リーグで一番多かったのはドラゴンズのはずだ。右の切り札、高橋光信さんが「ハマの大魔神」こと、横浜ベイスターズの佐々木主浩さんから打った逆転サヨナラホームランを含めて3本、私も3本打っている。

そもそも代打でホームランを打つのは、口で言うほど簡単なことではない。試合に出たり出なかったりしながら、調子を維持していくのは、レギュラーとして試合に出続けているより難しい。たった1打席で結果を出すのも大変なことなのだ。

そういった意味でも、年間6本も代打ホームランが出ること自体が珍しいことだと言える。

代打の起用法も落合さんらしかった。よく左ピッチャーには右バッター、右ピッチャーには左バッターという使い方をするが、落合さんは左ピッチャーにも平然と左バッターの私をぶつけた。私はストレートにはめっぽう強いため、パワーピッチャーには私。変化球を打つのがうまいので変化球投手には高橋さんという使い方をしていた。

この頃から、ベンチスタートの時は試合の流れをつぶさに観察するようになった。自分なりに先の展開を読み、出番が来るタイミングを予想。突然「出番だぞ」と言われてもいいように、しっかりと準備をした上で試合に入るように心掛けた。

当時のドラゴンズが強かったのは、ベンチワークの良さも理由のひとつ。首脳陣だけではなく、ベンチにいる人間もただ漫然と戦況を眺めているわけではなく、虎視眈々と出番に備えているのだから強いわけである。

練習前でもお構いなし
過酷なアメリカンノック

読者の皆さんは「アメリカンノック」をご存じだろうか。

外野のフィールドを広く使ったノックのことだ。例えば、レフト（ライト）の定位置からライト（レフト）の定位置へ向かって全力疾走し、その走った先をめがけてノッカーが打球を打つという守備の特訓である。

2005年のシーズン中のある日、落合さんから「アメリカンやるぞ」と言われて特訓が始まった。

試合前、バッティング練習を一番に済ませると、ほかの選手がバッティングをしている間、私は外野でレフトとライトの間をひたすら行き来した。たまに別の選手も一緒に受ける時もあったが、基本的にノックの対象は私だった。

ホームもビジターも関係なし。1時間以上も続く日さえあった。さすがにスタメンの日はやらなかったが、ベンチスタートの時は毎日のように行われた。

ある時など、アメリカンノックであまりにも疲れ過ぎて、足腰がふらふらしながら代打で出場したこともあった。当然、結果は散々なものだった。

「なぜオレだけ?」

常に疑問に思いながらも、チームのトップである監督の言うことだから、従わざるを得なかった。このアメリカンノックで得たものはあったかと聞かれたら、私は「なかった」と答えるだろう。だとしても、始めからやらなければよかったとも思っていない。

高校の恩師である村中秀人さんに昇仙峡で鍛えられてから、「どんなことでもとにかくやるだけやってみる」というメンタリティを身につけていた私にとって、このアメリカンノックをやってみること自体に価値があった。そのうえであまり意味のないものという結論を自分で出すことができたことに、自分自身の成長を感じた。

思い出したくもない地獄の落合ノック

２００５年のシーズン中に行われたアメリカンノックの流れで、その秋のキャンプから始まったのが「落合ノック」だ。

できれば思い出したくないのだが、触れないわけにもいかないだろう。

「落合ノック」とは、落合さんとマンツーマンで行う特守のことだ。特守とはプロ野球用語で、守備の特訓のことを言う。プロ野球のキャンプリポートで、ノッカー役のコーチとマンツーマンで守備練習を行っている選手の映像を見たことがないだろうか。選手の立場から言うと、かなりキツいので、できればやりたくない練習の筆頭に挙げられるものだ。その練習を落合さんとやるのである。当然のことながら、憂鬱だった。

落合さんが、なぜ私を特訓相手に指名したのかと言うと、当時レギュラーだった立浪さんに代わるサードの後釜をつくる必要性に迫られていたからだ。

落合さんの目には、立浪さんの打球への反応が鈍くなっていたり、守備範囲が狭くなっていたりしていると映っていたようだ。一塁側のベンチにいると、サードの動きがちょうどよく見えたのだという。

当時、立浪さんは30代半ば。衰えが来たと言ってもおかしくない年齢だ。そこで白羽の矢が立ったのが20代半ばと年齢的に脂の乗っていた私だったのだ。

そして迎えた秋のキャンプ。全体練習が終わった後に落合ノックは始まる。1時間は当たり前、多いときは2時間近くやることもあった。

ノッカーをやったことがある人には分かってもらえると思うが、ノックは意外に重労働である。10分も続ければ汗ばみ、バットを振る腕はだんだんと鈍ってくるものだ。ところが落合さんは、ずっと涼しい顔。汗ひとつかくことなく、淡々とノックを打ち続けた。

私は落合さんが打つボールをひたすらキャッチするだけだ。30分も経過すると、だんだん足腰が立たなくなってくる。1時間も受け続けると、記憶が飛び、いま何をしているのか、わからなくなってくる。

「それじゃ立浪は抜けねえぞ」

「バッティングは立浪にはかなわねえよ。お前が勝つなら守備しかねえだろ」

落合さんからこのような檄が次々と飛んだ。足腰がふらふらしようが、記憶が飛ぼうが、こちらからやめるわけにはいかなかった。ただし限界はとっくに越えている。「今日はこれまで」と早く言ってもらいたい…。

こちらの気持ちを見透かしたように落合さんの声が耳に飛び込んでくる。

「代わりはいくらでもいるんだぞ」

私の気持ちが手に取るように分かるのだろう。限界を越えたところから、どこまで追い込めるかを試しているようだ。

「やらないんだったらやらなくていいよ。でも、お金を稼ぎたかったらやったほうがいいんじゃないの」

毎日ではないがキャンプ中にこんな特訓が何日も行われた。まさに生き地獄のような苦しさだった。

それでも耐えられたのは、落合さんに自分のことを認めさせてやりたいという意地だった。自分で自分の殻を破りたいという思いもあった。

実はこの秋のキャンプに入る前、当時のパ・リーグで行われていたポストシーズンゲームに出場する福岡ソフトバンクホークスの調整試合に出場。その後、宮崎で開催された若手選手の育成を目的としたフェニックスリーグに参加した。

その時、自打球を膝に当ててしまい、右足を負傷。歩くのもままならなかった。秋季キャンプへの参加はほぼ絶望的な状況だった。

そのことを落合さんに話すと、こんな答えが返って来た。

「お前に3日だけやる。それで動けるようにならなかったら名古屋に帰すから」

私がもっとも手に入れたいポジションはサードだ。チーム事情に合わせ、いろいろなポジションを守ってきたが、子供の頃から慣れ親しんでいるポジションはサードである。立浪さんという偉大な先輩からポジションを奪う、最初で最後のチャンスを迎えているのだ。

そう考えると秋季キャンプを休むわけにはいかなかった。

キャンプには、患部である右膝をテーピングでガチガチに固めて臨んだ。それでもかなり痛んだが、参加すると意思を示した以上、途中で離脱することはあり得ない。激痛と落合ノックに耐えながら、3週間のキャンプをなんとか完走した。

キャンプ終了後、名古屋へ戻りメディカルチェックをしたら、右膝の皿の裏側を骨折していた。

極限まで追い込むことで技術力・精神力・人間力を磨く

決しておおげさな話ではない。落合ノックを受けながら意識がなくなってしまったことが何度かある。落合さんも私も自分から止めるとは言わないため、それでもノックは続いていく。その様子を近くで見守っていたトレーナーが見るに見かねて「これ以上続けると、取り返しのつかないことになります」などと落合さんに進言し、ようやくノックが終わるというのがいつものパターンだったようだ。

落合ノックとは、それほど狂気じみた練習だったのだ。

サードのレギュラーポジションを奪い取ることができたのは、このノックを受けたおかげであることは間違いない。技術的にも、精神的にも、人間的にも成長することができたと言うこともできる。

足腰が強くなり、球際で負けない粘り強さが身についたうえ、この練習をやり通したことで何も恐いものがなくなったのも事実だ。

やってよかったとは口が裂けても言うつもりはないが、私にプロの世界で生き抜いていく体力と自信を植えつけてくれた通過儀礼のようなものであったと言えるだろう。

この落合ノックは私のほか、井端弘和さんと荒木雅博さんも経験した。が、残念なことに続く選手がいなかった。もちろん落合さんは若手選手をつかまえて落合ノックをやろうとしたが、ものの10分も経つと「つまんねえな」と言ってポイッとノックバットを放り投げ、終わりにしてしまうことがしばしばあった。

なぜ落合さんがつまならいと思ったのかというと、若手は1時間体力をもたせるために、力をセーブしながらノックを受けていたからだ。私が1時間も2時間もノックを受け続け、しまいには気を失っている姿を見ているため、「1球目から全力を出していたら、最後まで体力がもたない」と及び腰になっていたのだ。

私は落合ノックを受ける際、「うまくなってやる」「レギュラーを奪ってやる」といった意気込みで最初の1本目から全力でボールを追いかけていた。そこが若手との違い。表面上はやる気を見せているだけで、早く時間が過ぎることだけ考えていたことを落合さんに見透かされたため、すぐにノックを切り上げられてしまったのだ。

後で詳しく触れるが、私の晩年にはドラゴンズはBクラスが当たり前のチームになってしまった。その原因はチーム全体に厳しさが足りなかったからだと思っている。私の後に落合ノックをやりきる選手が出なかったことからも、徐々にチームから厳しさがなくなっていったことをうかがい知ることができるだろう。黄金期の終盤からすでに、今の低迷期は始まっていたのかもしれない。

リーグ優勝を決めた日に聴いたゆずの『栄光の架橋』

地獄のような2005年の秋季キャンプと2006年の春季キャンプを何とか完走した私は、新シーズンの開幕をスタメンで迎えるはずだった…。

ところがオープン戦で右手小指を骨折し、開幕スタメンどころの話ではなくなってしまった。戦列に復帰したのは6月のこと。復帰当初はけがの荒木さんに代わってセカンドを守る機会が多かった。荒木さんが戦列に復帰した後、7月後半になると、私はサードを守るようになっていった。

この年のドラゴンズは本当に強かった。

川上憲伸さんが最多勝と最多奪三振、岩瀬仁紀さんがセーブ王、福留孝介さんが首位打者、タイロン・ウッズがホームラン王と、タイトルホルダーがズラリ。さらに、山本昌さん、谷繁元信さん、井端弘和さん、荒木雅博さんと、投打にタレントの揃った完成度の高いチームだった。

それだけのタレントがそろう中、微力ではあるが、私の力も優勝に役立ったのではないだろうか。そう考えると、2004年のリーグ優勝よりもこの優勝の方が私の中での満足度は高かった。

この年、ドラゴンズが優勝を決めたのは、10月10日のジャイアンツ戦だ。私は当日の朝、ホテルの部屋でゆずの『栄光の架橋』をかけ、ひとり感慨にふけっていた。

あと数時間後に始まる試合に勝てば、ドラゴンズのセ・リーグ優勝が決まる。1996年のドラフト会議で指名され、ドラゴンズへ入団してちょうど10年。決して順風満帆なプロ生活ではなかったが、ようやくレギュラーポジションを奪ったシーズンに、チームの優勝に貢献できたのだ。苦しい練習に弱音も吐かずに耐えて来た自分を褒めてやりたかった。

ゆずのふたりの美しいハーモニーが心に染みた。1年間の頑張りが報われ、ようやく花が開いた至福の時間だった。

2006年は、苦しい思いをしてようやくサードのポジションを手にすることができた。日本シリーズには敗れてしまったものの、セ・リーグ優勝という歓喜も味わった。来シーズンもサードのポジションを守り抜き、チームの勝利に貢献したい…。

そんな思いを抱いていたが、2007年には私にとってまさかの展開が待っていた。

サードを争う新ライバル
中村ノリさんを育成で獲得

2007年の春の沖縄キャンプ。全スポーツ紙、全テレビ局の記者と顔を合わせると決まって同じ質問を受けた。

「中村紀洋さんの育成枠での入団が決まりましたが、どんなお気持ちですか」

うんざりするほど、何回も同じセリフを言わされた。

「サードのポジションは誰にも譲る気はありません」

オリックス・バファローズとの契約がこじれ、獲得する球団もなく、浪人という形となっていた中村紀洋さんに、ドラゴンズが救いの手を差し伸べることとなったのだ。

このニュースを聞かされて、内心穏やかではいられなかった。

前シーズンにようやく立浪さんからサードのポジションを奪ったばかりである。そこにまた同じポジションで実績のあるノリさんが入ってくるという。

「ふざけるな!」

それが偽らざる気持ちだった。

このキャンプで練習したのはサードだけ。これまでのように外野の練習をする気など、さらさらなかった。さすがに毎日ではないが、1クールに1回は落合ノックも受けている。誰にもサードを渡す気はなかった。

そして迎えた、2007年の開幕戦。

私が守っていたのはサード。ではなくレフトだった……。

表にこそ出さないが、内心はまったくもって面白くなかった。

さらに面白くなかったのは、守備固めではサードを守ったことだ。ファーストのタイロン・ウッズがベンチに退き、サードのノリさんがファーストへ。私がサードに回って、レフトには英智さんが入るという布陣である。

守備固めで私がサードに入るということは、守備は私のほうがうまいと首脳陣も認めたようなものである。それなのになぜ、サードで使ってもらえないのか。私はどこか釈然としなかったが、誰を使うのかを決めるのは監督である。抗いようはなかった。

初めは納得いかなかったポジション問題だが、シーズンが深まるにつれ、私の心境に変化が生じてきた。

このメンバーを見てほしい。

キャッチャー　谷繁元信
ファースト　タイロン・ウッズ
セカンド　荒木雅博
サード　中村紀洋
ショート　井端弘和
レフト　森野将彦
センター　イ・ビョンギュあるいは平田良介
ライト　福留孝介

センターだけ、かっちりレギュラーが決まっていないが、後は実績のあるメンバーがそろっている。守備力も攻撃力も相当に高い布陣だ。

落合さんは開幕前、選手を集めてこう言った。

「今年は日本一になるぞ」

前年の2006年はリーグ優勝を果たしたものの、日本シリーズで北海道日本ハムファイターズに1勝4敗で敗れたのが、よほど悔しかったのだろう。落合さんにしては珍しく、日本一奪還に意気込みを見せていた。

自分でプレーをしていても、「このチームは強いな」と、かなり手応えを感じていた。サードへの未練はもちろんあったが、優先すべきはチームの勝利。「私がレフトを守ることが、チームが勝つための最善策」だと、自分自身に言い聞かすようになっていた。

このシーズン中に私は、珍しい記録を達成している。その記録とは、バッテリーを除くすべてポジションで守備についたというものだ。

この年はけがで離脱する選手が多かったのだが、けが人が出るたびに、私がそこのポジションを埋めるという状況になっていた。

そうなると不思議なもので、ひとつのポジションにこだわることがばからしくなり、それどころか、「今日はどこを守るんだろう」とワクワクした気持ちで球場に出掛けていたほどだ。開幕前はあれほどサードに固執していた私が、ポジションを転々とすることに喜びを感じていた。

それはまるで、子供の頃に近所の公園でやっていた草野球のようなもの。ポジションに空きができたら「僕がやる」と宣言してその守備位置に付くような感覚だ。

プロ野球選手が言うのもなんだが、「野球をやっているな」という実感があり、プレーしていても楽しいシーズンだった。

主力選手がこんな風に野球を楽しんでいるチームは強いに決まっている。53年ぶりの日本一に輝くのは必然だったのかもしれない。

FA加入した和田一浩さんと守備範囲の狭い左中間を形成

どうしてこうもポジションのかぶる人が次から次へと入ってくるのだろうか…。和田一浩さんがフリーエージェントでドラゴンズに加入するというニュースを聞いた私の正直な感想だ。

2006年にサードのポジションを勝ち取ったと思ったら、翌年に中村ノリさんが加入。私はレフトに回り、実質サードのポジションを奪われることとなった。

そしたら、今度はレフトが定位置の和田さんの加入である。

2008年は大リーグに挑戦するため、福留さんがチームを去ることになった。その穴はチームにとって計り知れないものがあった。その代わりにやって来たのが和田一浩さんだ。和田さんのポジションはレフト。恐らくレフトは和田さんが務めることになるだろう。この年もポジションが変わることが必至の状況だった。

その年の春のキャンプ。守備練習で主に守ったのは、センターだった。これにはさすがに「私がセンターで大丈夫なのだろうか」と心配だった。どこでも守れるとはいえ、私は足が速いほうではない。レフトに入る和田さんもしかりだ。レフト和田、センター森野という布陣は、あまりにもバッティングを重視し過ぎているのではないだろうか。ドラゴンズ史上、最も守備範囲の狭い外野と言われても、反論できなかった。

センターをやるにあたって外野守備コーチから言われたのは「普通のフライを普通に捕ってくれればそれでいい」というもの。そのひと言でずいぶんと気持ちが楽になったことを覚えている。

この年は守備位置だけではなく打順も変わった。福留さんの抜けた3番に入ることが多くなったのだ。

この年以降は以下の打順で固定されていく。

一番　セカンド　荒木
二番　ショート　井端
三番　？？？　森野

星野さんが監督をしていた時代は外野で出場することもあった荒木さんと井端さんだが、すっかりポジションは固定されていた。ところが私の場合、あまりにもポジションを転々としていたため、何年はどこのポジションを守っていたのか、自分でもわけがわからなくなっている。

とくに2006年からの3年間は、毎年のようにポジションが変わる激動の期間だったと言えよう。

ポジションが転々と入れ替わる状況に戸惑っていたのは私だけではなかった。ファンの中にも戸惑う人がいたのだ。

当時、次のような内容のファンレターを受け取ったことがある。

「私は森野さんのファンです。少しでも近くで見たいので、守備位置に近い三塁側の席を買っていましたが、最近はどのポジションで出るのかわからないので、どの席を買えばよいか困っています…」

同様のファンレターは1通だけではなく、何通かもらったことがあるので、私のポジションはファンにとっても切実な問題だったようだ。

確かにクリーンアップを任される選手で、これだけ守備位置がコロコロ変わる選手は珍しいとあらためて思う。ファンの方々にも迷惑をおかけしてしまったようだが、ご容赦いただきたい。もし私がサードしかできなかったら、とっくに引退をしていたことだろう。地に足がつかず、かっちり固まらないという弱点もあるが、どこのポジションも守れることは、私にとっての強みとなった。

周りからは「よく腐らないね」と声をかけられることがあるが、あまり気にしたことはない。ポジションが変わることは慣れっこになってしまったので、免疫ができたのだろう。さまざまなポジションを経験できることを、いまではむしろ楽しいとさえ思っているほどだ。

とにかく与えられたポジションで、与えられた役割を果たすことが大切。それで結果が伴ったら、なお一層よいのではないだろうか。

現状維持は退化の始まり 高みを目指して技術を磨く

落合さんは何と言っても三冠王を三度も獲得した天才バッターである。「落合ノック」で守備の猛特訓をしたことについて触れたが、実はバッティングについても、さまざまな指導を受けてきた。

バッティングの練習をする際の落合さんの口癖は「オレの成績を抜いてみろ」。落合さんにこう言われると、こちらは黙るしかない。三冠王を三度も取ることなど、はっきり言って不可能に近いからだ。

だからと言って、はなから無理だと決めつけて挑戦をしないのはプロとして失格である。プロである以上、技術を極限まで極めようとする姿勢は持ち続けるべきだからだ。落合さんが選手に「オレの成績を抜いてみろ」と言ったのは、何も自分自身の実績を自慢したいわけではない。プロ野球選手として持つべき心構えを説いていたに過ぎないのだ。

バッティングについて落合さんから口酸っぱく言われていたのは、悪いクセをなくすことだ。私のバッティングフォームは、オーソドックスなスタイル。フォームに致命的なクセがあるなどとは考えたこともなかったが、落合さんに言わせれば悪いクセだらけなのだそうだ。

「あそこが悪い」「ここも悪い」などとさまざまなクセを指摘され、それを直すために徹底的に練習に取り組んだ。最も悪いクセはボールを迎えに行ってしまうこと。ボールを待ちきれないため、体が前方に倒れ込むように振ってしまいがちだった。

落合さんはことあるごとに「絶対に低めの変化球は振ってはいけない」と私にアドバイスをした。2ストライクと追い込まれた後に、低めの変化球を振らされて空振り三振をするぐらいなら、たとえ見逃し三振でも構わないとまで言っていた。

野球のセオリーでは、見逃し三振はやってはいけないことだと言われている。バットを振らないことにはヒットは打てないからだ。見逃して三振になるくらいなら、積極的にバットは振るべきという論理である。

もちろんその説にも一理あることぐらいは理解している。ただ、落合さんは確率の問題を言いたかったようだ。低めの変化球を振ったところで、ヒットにできる確率はかなり低いだろう。また、無理して難しいボールを打とうとしたために、バッティングフォームが崩れてしまうくらいなら、我慢して振らないほうがよいというのが、落合さんの持論なのだ。

落合さんとのバッティング練習の中で、最も奇抜だったのは、ロープを体にくくりつけて行うものだった。

周りからは、ふざけているように見えたかもしれないが、やっている本人は至って真面目。体にくくりつけたロープを後ろから引っ張ってもらうことで、前に突っ込むのを防ごうというものだった。

結局、私にとっては有効とは言えなかったが…。

この練習以外にも、よかれと思ったことは、どんどん積極的に試してみることにした。

正直に言うと、私はバッティングフォームをあれこれ人に指図されるのが大の苦手である。いくら落合さんといえども、あまりいい気はしなかった。

バッターがバッティングフォームを毎年のようにいじるのは、現状に満足していないからだ。野球は3割打てば一流と言われる世界である。視点を変えると、いくら天才と呼ばれるバッターも、7割は失敗しているということになる。

現状で3割を打てているからと満足しないことだ。3割を打っているのであれば、3割5分、4割と打てるように努力を続けることが大切なのである。

例えば読売ジャイアンツの坂本勇人もそう。あれだけの成績を残していながら、よりよいフォームにするための見直しを毎年のように行っている。私のチームメイトだった和田一浩さんもそう。反復練習を徹底的に行うことで、フル出場できる強い体と独特のバッティング技術を身につけたのだ。

「現状維持は退化の始まり」

これはバッティングフォームに限った話ではなく、仕事も同じではないだろうか。成功をし続けるためには、常にイノベーションを起こすことが大切なのである。

わずかの差でブランコに軍配
個人タイトルに最も近づいた日

2009年は打撃の個人タイトルへあと一歩のところまで近づいた。

チームは1番荒木、2番井端のどちらかが塁に出て、3番の私とタイロン・ウッズに変わって4番を任されたトニ・ブランコでランナーを返すという攻撃パターンが確立された。

この年の私はなかなか打率が上がらなかったが、なぜかチャンスにだけは強かった。そのため、自ずと打点が増えていったのだ。初の個人打撃タイトルを争うのは、同僚のブランコ。互いに譲らず108打点で並び、タイトル争いは最終戦を残すのみとなっていた。

「お前らふたりでケリを付けてこい」

落合さんはこう言って、いつも通りのスタメンで試合に臨んだ。

ひと昔前の野球では、自軍の選手にタイトルを取らせるため、八百長とまでは言えないものの、あからさまな行為を見掛けることがよくあった。

その最たる例が、1982年の対横浜大洋ホエールズ戦。わずかな差で打率1位だった長崎啓二さんを首位打者にするため、ホエールズの投手陣は打率2位の田尾安志さんを全打席敬遠。

結果、首位打者は長崎さんのものとなった。ドラゴンズはこの試合に勝ち優勝を決めたことから、後年にまで語り継がれる試合となってしまったが、落合さんはこういう出来レース的なことを最も毛嫌いするタイプである。

古い考えでいけば、最終戦は私もブランコも欠場し、ともに打点王のタイトルを分け合うところだが、落合さんはそれをよしとはしなかった。

その最終戦で先に打点を稼いだのは私だった。

得点圏にランナーを置いた場面でタイムリーヒットを放つ。1点上積みして打点は109点となり、ブランコに1点差をつけた。

ところが続くブランコが2ランホームランを放ってしまった。リードしたのも束の間、すぐに逆転されることに。この後はどちらも打点の上積みができず、結局1点差でブランコが打点王となった。

現役を退いたいま振り返ってみても、非常にもったいないことをしたという気持ちはなくはない。2塁にいた時に牽制でアウトになっていれば、仮にブランコがホームランを打っても同点で次の打席を迎える展開になっていたのではないか…というのは冗談だが、半分そうなることを、期待していた自分がいた。

ブランコのホームランでホームへと返って来る時、わざとベースを踏み外そうかと考えたほどである。

ベンチに戻ると落合さんは私にこう言った。

「次の打席でホームランを打てば同点になるだろ」

そんなことを言われて簡単にホームランが打てるほど甘くはない。残念ながらわずか1点及ばず、ブランコが打点王に輝いた。

正々堂々と勝負をし、敗れたのだから仕方がない。残念だし悔しいが、互いに勝負して正解だったと思っている。

自分の力で乗り越える私のスランプ脱出法

スランプになったら一心不乱にバットを振り込まなければ気が済まないという選手もいるが、私はその反対。あえてバットは持たないようにしたものだ。

バットを持つと「ああしなきゃいけない」「こうしなきゃいけない」という思いが頭をもたげ、さらにバッティングが悪くなっていく気がするからだ。

人に意見を求める選手もいるかもしれないが、スランプは自分で脱出するべきだと思っている。私も、もがき苦しみつつ、自分の力で乗り越えるように努力を重ねた。自分で乗り越えず、人に頼ったままだと、次またスランプに陥った時に困ってしまうからである。

スランプの時ほど、頭の中をシンプルにすることが大切。原点に立ち返って構え方やタイミングの取り方などをチェックしたものだ。

案外多いのが、疲れが原因でフォームが狂ってしまうこと。

目の疲れで見えにくいため、知らず知らずのうちに猫背になってしまうのは、よくあるケースだ。バランスのいい食事を取り、早寝早起きを心掛け、疲れを残さないように、日頃から体調を整えることも大切だ。

視点を変えるため、おかしいところがないか人に見てもらったり、ストレス発散のために話を聞いてもらったりするのもよいだろう。

落合さんが残した最後のメッセージ

２０１１年は落合監督としてのラストイヤーとなった。

シーズン途中に退任報道が出るなど、外野はざわついていたが、選手たちは至って冷静だった。やるべきことはただひとつ。勝利を目指して、目の前の試合を必死に戦うだけだった。

やるべきことが整理されたことが功を奏したのだろうか。8月頭には10ゲームほどあった首位スワローズに、とうとう追いつき、追い越したのだ。

日本シリーズでは負けてしまったが、最後に見せた脅威の追い上げは、８年間監督を務めた落合さんへのはなむけとなったのではないだろうか。

落合さんは、私をはじめ、ドラゴンズの各選手に大きな影響を与え、在任期間中はすべてＡクラス。強いドラゴンズの黄金時代を築き上げた最大の功労者ではないだろうか。

落合さんが監督を退任されることは、もちろん寂しさはあったが、これぱかりは仕方ないことだ。ここに最後のミーティングで話した落合さんの言葉を紹介したい。

「今までやって来たことはすべて自分の財産。そういうものはムダにしてはダメ。監督が代わっても、野球選手として築き上げてきたものは、絶対に忘れてはならない」

落合さんに出会い
相手を理解することの大切さを学ぶ

落合さんと過ごした8年間で一番学んだことは、相手を理解することの大切さだ。監督就任当初は「何を考えているかわからない。この人が監督で大丈夫か」と否定的な見方をしていたが、実際に一緒に戦っていくと、その考えの深さや洞察力の鋭さに感心させられることも多かった。

そこから興味がわき、落合さんのちょっと哲学的な話を「この人は何を言っているのか」と否定的に聞くのではなく、自分なりにかみ砕いて、理解するように心掛けてみた。そうすると不思議なもので「この人は私にこういうことを言いたいのではないか」ということが見えてくるのである。やるべきことがわかればあとは簡単。ひたすら実行するだけである。

落合さんが、取っ付きにくい人であるのは確かだ。ただ、好き嫌いの感情に任せて、遠ざけるのは間違っている。あくまで現場のトップは彼だからだ。

私たち使われる側は、トップの考えを理解するように努め、先回りして動き、結果を出すことが求められているのではないだろうか。

人と距離を置き、しかも答えをすべて言わない人なので、なにかと誤解を生みやすいが、そのおかげで考える力、相手を理解する力が身についたのも事実。落合さんが監督だったおかげで、私自身随分と成長することができたと思っている。

そうした機会を作ってもらったことに、心から感謝の意を表したい。

高木守道監督時代 2012年〜2013年

若手にはまだ負けない自信と誇りを持って

8年続いた落合政権が終焉し、2012年に新たな指揮官が誕生した。「ミスタードラゴンズ」と呼ばれた高木守道さんだ。

1990年代前半の第一次政権に続き、監督に就任するのはこれで二度目となった。

高木さんが就任したことで「チャンスだ」と捉えた選手もいただろうが、私は複雑な気持ちだった。おそらくベテランの域に差し掛かってきた私のような選手ではなく、若手を積極的に起用したいと考えていると想像できたからだ。

それでも開幕当初は3番サードとしてスタメンで出場していた。ただ、前年からの不調を引きずり、思うような成績を残せなかったのも事実だ。

そうなると悪い予感は現実のものとなり、スタメンを外れる日が増えていったのだ。

新しい監督が、新しくチームをつくり上げていく時、若手の力を使おうという気持ちになるのは、とてもよくわかる。

だからと言って、たいした競争もなく、自分より力が劣っている若手が当たり前のようにスタメンに顔を連ねているのは、納得がいかなかった。

私には若手が想像もつかないくらい厳しい練習を耐えぬきレギュラーの座を奪い取ったという自負心がある。若手と張り合っても、まだまだ負ける気はしなかった。

「どちらが間違っているか、勝負しませんか」

本気で高木さんに勝負を挑みたいと考えていたほどだ。

勝つのはもちろん私である。

高木さんの采配はひらめき型だ。理論よりも野生の勘を大切にするタイプ。読売ジャイアンツ終身名誉監督の長嶋茂雄さんに通じるところがある。

例えば「今日はなんかナオミチが打てそうな顔をしてるな。よし、スタメンで行こう!」といった感じだった。

理屈を突き詰め、考えに考えて采配を振るった落合さんの下で8年間やってきていただけに、180度違う高木さんのスタイルになかなか慣れることはなかった。

それでもこの年は、とても張り合いがあったのも事実だ。それは、もう一度、実力でポジションを奪い返してやろうというメンタリティがあったからにほかならない。若手には負けないと闘争心に火がつき、練習にも実が入った。プロに入って「練習が楽しい」と思えたのもこの時期だ。

こうしてレギュラーの座を奪い返すと、7月末からは25試合続けて4番に起用してもらった。結局、2012年の通算成績は124試合に出場し、打率2割4分9厘、50打点、6本塁打という成績だった。

決して褒められた成績ではないが、124試合に出場したことは胸を張ってもよいと思っている。経験を武器に、若手とのスタメン争いで一歩リードすることができたからだ。

「今までやってきた財産を大切にしなさい」

落合さんが残した言葉の意味が、わかるような気がした。

いつ来るか分からない出番に備えて

翌2013年は、新外国人のエクトル・ルナとマット・クラークが加入した。ポジションはルナがサード、クラークがファーストだという。またもやポジションのかぶる選手が入ってくることになった。2012年、私はサードで100試合にスタメン出場したのだが…。

恐らく開幕スタメンには新外国人を使うことになるだろう。私はしばらくベンチからのスタートになるはずだと覚悟を決めた。

「いつか必ず私の力が必要になる時が来るはず。やれることをしっかりやっておこう」

自分自身にそう言い聞かせると、私は私にできる準備をしっかりやることだけに集中するようにした。

私に与えられるチャンスはそうはないはずだ。使ってもらった時に結果を残さない限り、チームから認めてもらえないだろう。必要なのは実績ではない。結果なのだ。

この年、私は35歳。

「ここで自分を変えないと、終わってしまう」

そんな思いを持っていた。

そこで取り組んだのが、イメージチェンジだ。まだまだ老け込む年ではない。一年でも長く現役を続けるため、何ができるのかを考え、バットの形を変えてみることにした。

この年も徐々に出場数を増やしていき、最終的に規定打席に到達することができた。成績は１３４試合に出場し、打率２割８分６厘、51打点、16本塁打。

使用するボールが、「飛ばないと不評だった統一球ではなくなったという打者にとっての追い風に乗り、私自身の打率もV字回復を果たすことができた。

こうやって書いていると、まるで私が高木さんと不仲でいつも衝突していたように思われる人がいるかもしれないが。私たちの関係は決して悪いわけではなかった。

「暴走老人」とも呼ばれていた高木さんは確かに直情型のタイプ。沸点も人よりは若干低いように感じるが、普段の様子は好々爺そのものである。

野球を離れている時は、口数は少なく、口調は穏やか。

頭に血が上って、乱暴な口の利き方をしてしまった後「さっきは言い過ぎて悪かったね」と試合中に頭を下げてくれることもあったほどだ。

当たり前のようにレギュラーとして使ってもらっていたら、衰えるのはより早かったのではないだろうか。30代半ばにして若手や外国人との競争に打ち勝つ努力をしたからこそ、充実した晩年を過ごすことができたのだろう。

プロ野球は実力至上主義。年齢に関係なく、力のある選手が試合に出るべきだと思っている。よく「将来のために若手を使ってほしい」というファンがいるが、ベテランの立場からすると冗談を言うなと言いたくなる。ベテランだって食べていくのに必死なのだ。適正な競争をして、その上で若手に乗り越えられた時は、喜んでポジションを譲りたいと思う。

ただ競争なしにただ好き嫌いで若手を使うことには、異を唱えたかったのだ。そういった意味で高木さんは私の闘志に火をつけてくれた人だと言える。私の選手寿命が延びたのは、高木さんのおかげと言っても言い過ぎではない。ぜひ「ありがとうございました！」と感謝の言葉を伝えたいと思う。

谷繁元信監督時代
2014年~2016年

選手の期待も高かった
グラウンドの監督の采配

2013年、12シーズン振りにBクラスに転落したドラゴンズ。そのオフに、再建の切り札として落合さんがGMとしてチームに復帰した。ドラゴンズ初のGMは監督に谷繁元信さんを指名。ドラゴンズでは59年ぶりとなる選手兼任監督が誕生した。

「ほかに(適任者が)いるか」

シゲさんを監督に選んだ理由を落合さんに聞いたら、こんな返事が返ってきた。

現役時代はグラウンドの監督とも呼ばれるキャッチャーとして歴代最多出場記録を打ち立てた。経験豊富で頭のキレるシゲさんなら、久しぶりにBクラスに転落したチームをすぐにAクラスに引き上げてくれるだろう。

私たち選手の間にも、そんな期待感が高まっていた。

そうして迎えた２０１４年のシーズン。いざ幕が開いてもドラゴンズは思うように勝ち星が伸びていかなかった。リードをしながら終盤の継投の失敗で敗れるなど負け方の悪い試合が多く、チームのムードは沈みがちになった。

とくに8月は月間20敗の球団ワースト記録を更新。試合をやるたびに負けるイメージしかわかず、精神的にも苦しい時期だった。

谷繁さん１年目の最終順位は４位。２年連続のＢクラスとなった。なんと28年ぶりという不名誉な記録だった。

私個人に目を向けると、開幕から５番ファーストで使ってもらい、一定の成績も残すことができた。１４１試合に出場し打率2割8分8厘、86打点、13本塁打。ベテランここにあり、まだまだやれるという存在感を示すことができた。

そのご褒美がゴールデングラブ賞だろう。ポジションが一定しない私には縁遠い賞だと思っていたが、思い入れのあるサードではなくファーストでの受賞に私自身が驚いた。

ただひとつ残念なのは、史上最も遅い初受賞の栄誉は、この年限りだったことだ。翌年に福岡ソフトバンクホークスの内川聖一選手が受賞したため、歴史に名を刻み損ねることになってしまった。

進まなかった世代交代

谷繁ドラゴンズの苦戦はその後も続いた。

要因は強かった頃のドラゴンズを支えてきた選手たちが年齢とともに衰えていったことだろう。それにとって代わる若手の台頭もなく、チームの新陳代謝が図れなくなってしまっていたのだ。世代交代の必要性は数年前よりわかっていたことだったが、結局手をつけられていなかった。その問題が一気に顕在化してしまったのである。

私がスタメンで試合に出るようになってから、ドラゴンズは常に上位争いをしてきた。それだけに、このなかなか勝てない時期は選手として本当につらいものがあった。

例えば、先述のとおり2014年のゴールデングラブ賞を獲得したが、優勝したチームから選ばれたのと下位のチームから選ばれたのでは、その重みはまったく違う。やはりプロ野球選手は試合に勝って初めて評価されるものなのだと、あらためて感じた。

ただし、今後後進を指導していく者としては、チーム状況が悪い時期を経験しておくことも、マイナスばかりではないと思っている。恐らく強いチームしか知らずに辞めていたら「こんなこともできないのか」などと不遜な態度に終始する、イヤな指導者になっていたかもしれないからだ。

2014年に再び輝きを取り戻すことができた私だが、2015年は試合中に右手親指を骨折するけがをしたこともあり、満足な成績を残すことができなかった。

本塁打が0本に終わり、2002年から続いていた連続本塁打記録が13年で途絶えてしまったことも残念でならない。

2016年は高橋周平とのポジション争いに敗れ、久々に開幕二軍を経験。出場試合数も激減した。

谷繁さんは強かった頃のドラゴンズを支えてきたチームメイトだ。選手同士の対等な立場だった関係が監督と選手という主従関係になってしまったため、お互いにやりにくくなってしまった印象がある。

チームは2015年が5位。翌2016年が最下位。谷繁さんは、2016年のシーズン途中で、下位に低迷している責任をとって辞任した。

あれだけ強かったドラゴンズが、少しのほころびからまったく勝てないチームへと成り下がってしまったことは残念でならない。野球とは本当に難しいスポーツだと、あらためて実感させられている。

森繁和監督時代
2016年〜2017年

度重なるけがで
ついに引退を決断

谷繁監督の退任を受けて2016年の途中から監督を務めている森繁和さんが、私が仕えた最後の監督だ。見た目の恐さとは裏腹に、歴代の6人の監督の中で、最も普通の感覚の持ち主だと思っている。

この頃の私は、対戦相手ではなくけがとの戦いに終始する。とくに2017年は太ももの肉離れで二度戦列を離れることになった。とくに二度目のけがは大きかった。一度目の肉離れが治り、厳しいリハビリを経て、ようやく復帰できたと思ったら、またすぐにやってしまったため、気持ちが切れてしまったのだ。

引退を決めたのは2017年の8月のこと。妻にだけは今季限りで引退することを伝えた。

もうひとつ、私の中でまだやらなければならない仕事があったので、森さんにすら引退のことを伝えてはいなかった。

やらなければならない仕事とは、けがからの復帰を目指し、一生懸命リハビリをする姿を後輩に見せることだ。私の必死な姿を見て、何かを感じとってほしいと思っていた。

森さんから電話があったのは、朝早くからリハビリに励んでいる時だ。

「お前どうするの？」

「どうするって…今年で辞めさせていただきます」

「そうか…。だったらお前、来年コーチやってくれないか」

森さんとは電話でこんなやり取りをした。

引退後の生活設計はまったくの白紙だったので、コーチへの要請は、ありがたい話だった。

猛練習でレギュラーのポジションを奪い、ユーティリティプレーヤーとして内外野ならどこでも守ってきた私の経験を、若手に伝えていくことが、森さんが私に求めている役割だと理解し、引き受けることとした。

9月21日に現役引退を発表し、24日に引退試合を開いていただいた。

球団から来季の契約はしないと告げられ、人知れず球界を去っていく人が多いなか、こうしてファンの皆さんに最後の勇姿を見てもらえることは、とてもありがたい話だ。

プロ野球選手なら、一度は必ず通るのが引退。おかげ様ですべてを出し切り、もう野球をやらなくてもよいと思えるまでできた私は恵まれていたのだろう。けがをしてもう痛い思いをしなくて済むと思うと、本当に気が楽になった。

引退試合の日に
周平のセカンドコンバートを進言

２０１７年９月24日の引退試合の日は、久々に通い慣れたナゴヤドームへと出勤した日でもあった。森さんともしばらく顔を合わせていなかったこともあり、試合前に監督室へ呼ばれた。ゆっくり話がしたいと言うのだ。

その時、森さんから意見を求められたのが、高橋周平について。

彼は私の恩師である村中秀人さんが監督を務める東海大甲府高の出身。おまけに左打ちの内野手と、私との共通点も多く、何かと気になる存在だった。

彼はバッティングも守備も、相当に高いポテンシャルを持っている。だが、いまひとつ、その才能を生かせていないでいた。

そんな高橋について、私は次のような意見を森さんにぶつけた。

「周平を1年間セカンドで使ってみてください。多少のことには目をつぶる必要がありますが…」

周平を一人前にするための必要な措置。低迷するチームを大きく変えるきっかけにもなると考えての提案だった。

荒木雅博さんはまだ現役で頑張っている。セカンドの守備だけ見れば、格段に荒木さんのほうがうまいだろう。高橋をセカンドとして育てるには、内野守備コーチが根気づよく練習につき合う必要がある。本人はもちろん、首脳陣にも我慢が強いられる起用となるだろう。それでもチームの停滞したムードを払拭するには、それぐらい思い切ったことをすることが大切だと思ったのだ。

話を聞いた森さんは、最初は驚いていたが、腹をくくって2018年は1年間起用し続けてくれた。

高橋も起用に応え、プロ野球選手らしく成長した姿をファンに見せてくれた。

現在、高橋は本職であるサードを守っているが、12球団のサードの中で、ピカイチの守備力を誇っている。セカンドを経験したおかげで格段に守備力が向上したのではないだろうか。もちろん本人の努力があっての話ではあるのだが…。1年間セカンドを経験したことは、間違いなく彼にとってはプラスだったように思う。

[まとめ]
キャリアから学んだ
「使いこなされる力」とは

ドラゴンズに在籍した21年間、個性も考え方も違う6人の監督の下でプレーをしてきた。日本一の美酒を味わったこともあれば、最下位の屈辱にまみれたことも。落合さんが「大きな財産」と言う通り、さまざまな経験をしたことで、野球人として大きく成長できたのではないかと思っている。

歴代の監督の中でも影響を受けたのは、星野仙一さんと落合博満さんになるだろう。ふたりとも選手としてはもちろん、監督としても一時代を築き上げた人だ。

ともに強いドラゴンズをつくったが、アプローチはまったく違った。

例えば、ミーティング。星野さんは選手を集め、みんなの前で檄を飛ばすタイプだった。北京オリンピックで「日本の野球を見せつけよう」と鼓舞された時は、熱いものがこみ上げてきた。反省点などもチームで共有。組織として反省点を洗い出し、組織として次に活かそうと努力を重ねた。

一方、落合さんは選手をある意味で大人扱いしてくれた。ミーティングでみんなを集めて訓辞を垂れるようなことはしなかった。頭ごなしに大声を張り上げるようなことはもっとも嫌うタイプだった。

その代わり、選手と個別に話をする時間をつくった。時には選手の声に耳を傾け、時にはぼそっとした声で効果的なアドバイスを送ってくれた。

星野さんが熱いハートで選手の心に闘志をあおるモチベーターなら、落合さんは知略の限りを尽くしチームを勝利へ導こうとする戦略家なのだ。それが互いの個性。勝利という組織にとっての第一目標を達成するためのアプローチの仕方が違うだけなのだ。

では共通点がまったくないかと言うとそういうわけではない。

例えば、ふたりとも選手たちに猛練習を課していた。いまは前近代的との指摘があるかもしれないが、やはり練習量が多いほど、技術力も精神力も鍛えられるのである。「練習は嘘をつかない」とはよく言ったものである。

また、常に血の入れ替えを行った。ファンの目には思い切ったやり方と思えるかもしれないが、いつまでも同じ陣容、同じ戦術では退化をしていくだけである。強い組織を作り上げるには、血の入れ替えによる多少の出血は必要なことなのだ。

厳しさを持ったふたりの監督の下で私は、試合に出続けることの大切さを学んだ。一番の目的はお金を稼ぐため。そのために最優先させるのは、個人ではなく組織の都合なのだ。

単に会社に尻尾を振ればよいわけではない。そういう人間は即座に淘汰されていくだろう。結局、どの世界でも重宝されるのは、圧倒的な力量があり、常に結果を出し続けることができる人材なのである。

望むと望まざるとに関わらず、与えられたポジションを全力でまっとうし、そこでの経験を大きな財産として、別の場所でもその財産を活かしながら結果を出し続ける。

そんな人物こそが本書で言う「使いこなされる力」を持った人物なのであろう。

第四章　背番号物語

プロ野球選手にとっての名刺のような役割を果たすのが背番号。
私はプロに入ってから6度も変わっている。
これだけ変わる選手も珍しいのではないだろうか。
背番号にまつわるエピソードを紹介する。

プロ入り後の背番号の変遷

1996年　入団交渉時「56」
←1996年　入団発表時「7」
←1999年　リー・ジョンボム選手と交換「8」
←2001年　波留敏夫選手加入「16」
←2004年　落合博満監督就任「8」
←2006年　平田良介選手入団「31」
←2010年　立浪和義選手引退「30」

↓

2017年　山﨑武司選手引退　「7」

プロ野球選手にとって背番号はとても大切なものだ。

例えば、イチローさんだったら「51」、松井秀喜さんだったら「55」といった具合に、選手とセットで付いてくるものだからだ。言わば代名詞のようなものである。

私はポジションも転々としたが、それ以上に背番号も転々としている。変更理由はさまざまだが、「この選手が入るから譲ってくれないか」と球団から言われたケースが多い。

「大切な私の番号だから譲らない」と強硬に主張してもよかったかもしれなかったが、そういうほど実績を残せていなかったという思いがあったのかもしれない。

いずれにしろ、ここでは背番号の変遷と、その裏話を紹介したい。

「5」のはずが「15」に
中学で起きた背番号問題

プロ野球での背番号問題の前に、ぜひ語っておきたい話がある。それは中学で起きた背番号問題だ。将来、私の身に起こる背番号問題を暗示しているのかもしれない。

第一章でも触れている通り、中学生時代、私は横浜にある中本牧シニアに所属していた。横浜中から野球の腕に覚えのある中学生が集まってくる全国的な強豪だ。私は激しい競争を勝ち抜き、サードのレギュラーを獲得した。当然背負うべき番号は「5」である。

大会が近づいてきたある日、監督の村上林吉さんがこんなことを言い出した。

「今度の大会の背番号はポジションごとにじゃんけんで決めようかな」

チームのこれまでの背番号の決め方は高校野球と同様にポジション別。ひとつだけ違うのがキャプテンは「10」を付けるということだ。

これまで通りだと私は「5」を背負うはずだった。が、監督の思いつきでサードの控え選手とじゃんけんをし、勝ったら「5」、負けたら「15」を付けることになったのだ。

じゃんけんをする前は、悪い予感しかしていなかった。

悪い予感は見事に的中。じゃんけんに負けてしまった。

レギュラーなのに「15」をつけることになった私の気持ちは複雑だった。いまひとつモチベーションが上がらないのだ。

背番号はただの数字ではない。選手の活力になる大事なものだろう。じゃんけんなんかで決めるのではなく、努力の証しとして与えられるものであってほしい。

星野さんの剛腕で「56」が「7」に

高校卒業後、ドラフト2位で中日ドラゴンズへ入団した私は、いきなり「7」といういい番号をもらえることとなった。だが実は、この番号決定には裏がある。入団会見の直前に急遽決まったものなのだ。本来は「56」のはずだった。

ドラゴンズから指名を受けた後、両親と一緒に出席した契約交渉の席で、球団側からふたつの背番号が提示された。それが「53」と「56」だ。好きな方を選んでよいと言われたので「56」に決めた。

そしてその年のドラフトで指名されたすべての選手が集まる入団会見で思いも寄らないことが起こる。会見は17時からの予定だったが、一向に星野監督が現れないのだ。

星野さんが5分遅れで入ってくると、撮影もそこそこに選手の紹介が始まった。

「1位、小山伸一郎君、背番号33。2位、森野将彦君、背番号7。3位、幕田…」

私はアナウンサーの言葉に耳を疑った。

「56のはずなのに、背番号7って言ってるぞ」

事態を飲み込めていない私は、用意したセリフがすべて吹き飛んでしまい、自分でも何を言っているかわからないほど混乱した。

後で聞いた話だと、会見の直前に星野さんの鶴のひと声で新人選手たちの背番号が変わったのだそうだ。私のほかにも三位の幕田賢治が「53」から「35」に、7位の筒井壮さんが「4」から「37」に、新外国人のレオ・ゴメスは「7」から「4」にそれぞれ変更されたという。

自分からくださいと言ったわけではないし、いきなり「7」なんておこがましいというのが、偽らざる心境だった。入団時のこのゴタゴタが後々の背番号問題のすべての発端のような気がしている。

移籍加入選手のため二度の番号変更

二度目の背番号の変更は1999年のシーズン途中のこと。「韓国のイチロー」と呼ばれたリー・ジョンボムさんが、「8」から「7」に背番号を変更したいと申し出たためだ。断る理由もないので「8」への変更を了承した。

三度目の変更は2001年。シーズン途中に横浜ベイスターズ（現横浜DeNAベイスターズ）とのトレードでやって来た波留敏夫さんに「8」をつけてもらいたいからと、これまた球団より変更の打診が。ようやく一軍に定着できたばかりの私がワガママを言うわけにいかず、変更を了承した。波留さんとのトレードで移籍した山田博士さんが付けていた「16」を背負うことになった。

初めの2回の番号変更は二軍と一軍を行ったり来たりしていた頃に打診されたもの。さすがに球団に楯突くわけにもいかず、渋々ながら了承したものだ。いま思うと、少し人がよすぎたのかもしれない。

落合さんのこだわりで「8」に戻る

2003年のオフ、監督に就任したばかりの落合博満さんと、こんな会話をした。

「森野、お前なんでそんな番号つけてるんだ?」

「もともとは8でした。トレードで入ってきた波留さんと番号を交換したんです」

「よし8に戻してやる。16はピッチャーの番号だからな」

落合さんが監督に就任して初めての会話だった。

背番号にこだわりがある落合さんは私の番号を「8」に戻しただけではなく、谷繁元信さんの背番号を「7」から「27」に、井上一樹さんを「99」から「9」にするなど、背番号のシャッフルを行っている。

四度目にして初めてよかったと思える変更だった。自分の番号を取り戻した気になったからだ。ただ本心を言えば「8」より「7」のほうが愛着はあったので、取り戻すなら「7」がよかった。が、当時「7」を付けていたのは大ベテランの川相昌弘さんだった。

今ではだいぶ薄れてきた気もするが、プロ野球は縦社会。大先輩である川相さんに背番号を譲ってくださいとは言えず「8」に戻すことにした。

初めて希望した番号は
憧れの掛布雅之さんと同じ「31」

2006年のドラフト会議が行われる前、落合さんに呼び出された私はこんな言葉をかけられた。

「今度のドラフト一位で大阪桐蔭の平田良介を取る。お前に8は似合わないので平田につけてもらうつもりだ」

三年前、自分が「8」に戻してやると言ったくせに「似合わない」とは…。

めちゃくちゃな話だと思いつつ、文句を言ったところで落合さんが折れてくれるわけがない。譲りたくなかったが、あっさり白旗を上げることにした。

空いている番号から好きなものを選んでもよいとのことだったので、子供の頃に憧れていた掛布雅之さんと同じ番号がいいと言ったら、落合さんも「それいいな」と了承。「31」をつけることなったのだ。

ところが、その話を聞きつけたスカウトの石井昭男さんが「31」はやめたほうがいいと言ってきた。よくよく話を聞くとドラゴンズではけが番号と言われているという。石井さんや仁村薫さんなど、歴代「31」を付けていた選手が31歳で大きなけがをしているというのだ。

心配する石井さんに私はキッパリと言った。

「大丈夫です。僕がそのジンクスを変えてみせます」

「31」はプロ野球に入って、初めて自分から欲しいと言った番号である。どうしても自分のものにしたいという気持ちが強かったのだ。

「31」をつけている間、私は大きなけがをすることなく、過ごすことができた。見事にけが番号のジンクスを破ったのだ。

ドラゴンズのOBによる野球教室に参加する際、現役時代の番号を付けたドラゴンズのユニホームを球団に作ってもらったが、悩んだ末に背番号は「31」にした。

私が付けてきた背番号の中で一番思い入れのある番号はやはりこの「31」なのだ。

立浪さんの「3」を固辞
空いていた「30」に変更

２００９年のオフ、引退した立浪和義さんがつけていた「3」を受け継がないか、という打診を落合さんより受けた。

私はこの打診を断った。なぜなら、私の中で立浪さんがあまりにも偉大だったからだ。私の入団時からドラゴンズの「3」は立浪さん。この背番号は誰かの憧れでなければならない背番号なのだ。自分が背負うイメージがわかなかったこともある。永久欠番にしようと一部のファンが署名活動をしていることも引っ掛かっていた。

結局「3」は固辞し、「31」に戻してもらおうと思ったら、既に中川裕貴がつけることになっているという。

仕方がないので空いていた「30」を付けることにした。

私にとって立浪さんは偉大な先輩だ。おこがましくて、とても「3」を受け継ぐ気にはならなかった。その理由の一端となったエピソードを紹介したい。

2006年は、キャンプからサードのレギュラーの座を賭けて一騎打ちに。最後は私がサードのポジションに付くことになった。確かにレギュラーには私がなったが、立浪さんに勝ったとは思っていない。

一方の立浪さんの心中を察するとあまりあるが、それでも気持ちを抑えてレギュラーとしての心構えをはじめ、さまざまなアドバイスを送ってくれた。

誰よりも早くドームに入り黙々と練習する姿

中でも最も感心したのが、立浪さんの試合への入り方だ。恐らくほとんどの選手が知らなかったであろうが、朝、誰よりも早くナゴヤドームへ来て準備にとりかかる。

夜の試合の場合、代打の出番は試合が佳境の頃。時間で言うと夜の9時頃だ。立浪さんはそこに合わせ、朝の10時半にはナゴヤドームへ来て、準備を始めていくのだという。

ダッシュやトレーニングで体を動かした後は、一度仮眠をとり、全体練習、個別のバッティング練習へと続いていく。試合展開によっては必ず出番があるとは限らない。それでも黙々と練習を続けているのだ。

ある日、たまたま早くナゴヤドームへ入った私は、すでに立浪さんが来ていることを知り、とても驚いた。そして一切の妥協もなく、トレーニングに励む姿を見て、この光景はしっかりと目に焼きつけておかなければならないと強く思ったのだ。

なぜ、立浪さんは誰よりも早くナゴヤドームに来て準備していたのだろう。立浪さんが引退をされた後、思い切って聞いてみたことがある。

返ってきた答えにまた感心させられた。

「あの歓声を聞くためだよ」

当時、代打立浪が告げられると、満員のナゴヤドームの観客からものすごい歓声が上がっていた。ベンチにいる私たちでも鳥肌が立つほどのすさまじいものだった。歓声を集める本人はさぞや勇気を与えられただろう。

立浪さんは「それがモチベーションとなっている」と続けた。たったひと振りで、あれだけの好成績を残せた理由のひとつであろう。

レジェンドとも言える、チーム一のベテランが、結果を出すためにここまでの準備をしているのだ。

あの頃のドラゴンズが強かった理由の一端がここにある。

最後に背負った番号はプロとして出発した「7」

最後の変更は2014年。山﨑武司さんが引退され、私がルーキー時代に付けていた背番号「7」が空いていたため、変更を申し出ることにした。ちょうどイメージチェンジをしているところで、原点に戻るという意味でも「7」に戻るのがいいと考えたのだ。

このように背番号の変遷を振り返ると、いろいろな思惑などに振り回されていたことがわかる。自分でもよく我慢したと思う。

いろいろと振り回された身から言わせてもらうと、広島東洋カープの鈴木誠也が「51」から「1」へ変更したように、大きい番号で活躍をした選手がひと桁など、自分の好きな番号を選べるようにするのがよいと思っている。

第五章　引退後も使われるために

プロ野球選手を引退後は2年間二軍コーチを務め、
2020年からはプロ野球解説者に転身した。
新たな人生でも使われるためには何をすべきか。
私なりのコーチ論、解説者論を語ってみたい。

二軍打撃コーチ時代 2018年～2019年

教えるのではなく 選手の声に耳を傾けること

現役引退後、2018年からの2年間、中日ドラゴンズの二軍で打撃コーチを経験させてもらった。歴代の監督やコーチから教わってきたことを基に、私なりのコーチング論を確立。実践するように心掛けてきた。

「コーチは教えてはいけない」

これが私のコーチングに関する持論だ。

みなさんは「コーチ」の語源をご存じだろうか。

その答えは（馬車）である。

昔、ハンガリー北部のコークスという町で製造された四輪の馬車にちなんでいるのだが、なぜ馬車が指導者を表す言葉の語源になったのかというと、昔は指導者のことを「学習者を運ぶ道具」と呼んでいたからだ。学びたいという人を大切なところまで運び届けるという意味が込められている。

また、ビジネスシーンで使われる「コーチング」は、相手の話をよく聞いたうえで、自発的な行動を促すコミュニケーション技法である。その目的は、より早く、より確実で、より効率的に目標を達成することとなっている。

これになぞらえれば、二軍の打撃コーチの仕事は、選手を二軍から一軍に送り届けるということになる。

例えば、けがや不調によって二軍で調整中の主力選手の場合、調子を整え一軍で活躍できる状態に戻すことが主な役割となるはずだ。

一方、若手の場合は、一軍で通用する力を身につけさせるための練習をするように促し、一軍へ送り届けるということになるだろう。

ところが、日本のコーチの場合、その意味をはき違えている人が実に多いと感じている。若手に技術を教えるのがコーチの仕事だと思っているのだ。

技術指導はあくまで必要性がある場合のみ。まずは、「どんな選手になりたいのか」を選手に聞き、理想の自分となるために必要なものは何かをともに考え、課題に取り組ませるのが仕事となる。

だから、私は教えない。

あくまでコーチの仕事は「コーチング」であって、「ティーチング」ではないのだから。

2020年にブレイクしたアリエルも声に耳を傾けたひとり

残念ながらけがで離脱してしまったが、2020年のドラゴンズで話題をさらったのがキューバ出身の捕手、アリエル・マルティネスだろう。

育成選手から支配下登録されると、豪快なバッティングで長打力の少ないドラゴンズの攻撃陣を引っ張った。心配されたリードもソツなくこなしている。

二軍コーチ時代の2年間、私はアリエルを間近に見てきた。

彼との関係も、まずはじっくり話してもらうことから始めた。

「オレは将来、キューバで野球の指導者になりたいと思っている。日本に来たのは勉強のためだ」

来日当時は大学生。キューバリーグでの実績もなかった。バッティングを見させてもらったが「粗い」というのが第一印象で、正直「この選手のどこがよくて取って来たんだろう」と思ったほどだった。

性格はひと言でいうとやんちゃ。明るくていたずら好き。どこか憎めなくて、チームメイトからの人気も高かった。

そんなアリエルだが、練習になるとガラッと人が変わった。キャッチャーの練習は地味でキツいものが多いが、音を上げず、コツコツとこなしていた。母国で指導者になるという目標を達成するため、学べるものはすべて学んでやろうとするどん欲さを感じた。

二軍の練習では、育成選手より支配下登録選手が優先されることがある。そのため育成選手がバッティング練習をできない日もあるのだが、そんな時は私に向かって「なんで今日はバッティングないの」と覚えたての日本語で文句を言いに来た。相手が誰であれ、主張すべきことは主張する。これも彼らしいスタンスだ。

とは言っても、ずっと文句を言い続けているわけではない。むしろ普段のアリエルはとても謙虚だ。向上心が高く、恐ろしく速いスピードで成長をしている。

例えばバッティング。2020年はこれまでと比べて、広角に打つ技術が格段に上達した。以前はホームランを打ちたいがためにブンブン振り回していたが、ただ力任せにバッティングをすることがなくなった。もともとの特長はセンターから右へ大きい当たりが打てることである。広いナゴヤドームのライトスタンドにホームランを打ったシーンを見て、バッティングのコツをつかんだのではないかと実感した。

もうひとつアリエルのバッティングの特長はチャンスに強いことだ。二軍の試合でも打率が2割3分程度しかないのに、チャンスの場面ではやたらヒットを打っていた印象がある。一軍の試合でもチャンスに強いところを見せてくれた。

いまのドラゴンズは、打率がよくても長打力がなく、どちらかというとチャンスに弱いバッターが多い。それだけにアリエルの存在感は大きい。彼のようなバッターが打線にいるといないでは、相手ピッチャーへの威圧感も違ってくるだろう。ぜひ、ドラゴンズの野球に新風を吹かせてほしいと願っている。

根尾昂の印象は頭が良くていい意味で頑固

2019年、超大物ルーキーがドラゴンズに入団した。根尾昂のことだ。大阪桐蔭高では、ピッチャーとショートの二刀流で活躍。甲子園春夏連覇の中心となった高校野球界のスーパースターだ。

注目度は高く、その勇姿を見ようと、二軍の試合にも大勢の観客が押し寄せたほどだ。当時の二軍監督の小笠原道大さんは、選手にあれこれ教えずに見守ろうとするタイプ。根尾についても、教えるのではなく、見守るという方針を立てていた。

とくにルーキーイヤーの2019年はマスコミやファンが彼の一挙手一投足を注目している、と言ってもいいほどのフィーバーぶり。

預かる私たちも大変だったが、なにより本人がいろいろと大変だったのではないだろうかと思う。

根尾は読書家で学業成績もよかったというが、確かにその通り。話をしていても、非常に理知的な印象を感じた。

その上でいい意味で頑固。18歳の若さにして、すでに自分というものを持っている。人の話に耳を傾けるが、不必要だと思った話には、耳を貸さないような頑固さを感じた。

フルスイングが彼の魅力のひとつ。いずれ頭角を現すことには間違いのない素材だ。それだけに1年目から「スイングをこうしなさい」「フォームをああしなさい」とは、あえて言わないことにした。シーズン前半は二軍でもまったく打てなかったが、試合後にあれこれ反省して、次の試合で試してみるような研究熱心さを見せた。ピッチャーの投げるボールに慣れてくると、少しずつだが成績もついてくるようになっていた。

根尾に対しても話に耳を傾ける（コーチング）ことを基本とした。技術的な指導（ティーチング）はほとんど行っていない。私が教えたのは、プロ野球界のしきたりや「プロってこういうもんだよ」といった心構えのみである。

技術についていては、まずは彼がどう思っているのかを聞き、話し合い、「足りないものは何か」「自分で何を感じてるか」を考えるように促した。頭のいい彼のことだから、きっと自分で答えを見つけ出すことができるだろう。

現に2020年は一軍で苦労はしたものの、二軍では好成績をマークし、成長の階段を一歩一歩上がっていることを証明してみせた。

一学年下の石川昂弥とともに、ドラゴンズのクリーンアップに名を連ねる日が来るのは、そう遠くないだろう。

その時は、ドラゴンズが低迷を脱し、再び黄金期を迎えているはずだ。

アドバイスを求める若手には経験をさせることが大切

この章ではコーチングとティーチングの違いについて説明した。選手を目的地に安全に送り届けるというコーチの語源に従って、極力技術指導は行わないのが私のスタンスだ。ところが、そんな私の意に反し、指導を求めてくる選手が少なくなかった。

とくにいまの若手は、上から何かが与えられるのが当たり前の世代。野球の技術も自分たちで工夫をして磨くというよりは、大人たちから教えてもらうのが当たり前で育ってきたのだろう。

そのため、「145キロの球を打つにはどうしたらよいですか」「どうしてもボールを追いかけてしまわないためにはどうしたらよいですか」など、ことある度に教えを乞う選手が総じて多いのだ。

はっきり言って、それはないものねだりだと思っている。

まずは、選手本人が自分の特長をわかっているかを考えさせることが大切だ。

その上で、自分で答えを見つけさせるように導いていく。野球の技術は、口頭では伝えにくいからだ。選手が試行錯誤を重ね、自分でコツを見つけ出していくことが、理想的である。

「百のアドバイスより、一の経験」

これが、上達するための一番の近道だと思っている。


恐らく、多くのビジネスシーンでも同様のことが起こっているのではないだろうか。

上司の指示をひたすら待ち、指示がなければ動けない社会人が多いと聞く。会社の場合だと、手取り足取り教えていかないと仕事が回らないから、結局丁寧に教えてしまう上司が多いのではないかと想像できる。

「獅子は我が子を千尋の谷に落とす」という故事があるが、コーチや上司は断固このスタイルを貫くべきである。

谷から這い上がるぐらいの強さをもたない人間はプロ野球の世界でもビジネスの世界でも成

功することはないだろう。

冷たい言い方かもしれないが、指導する側の人間だって、つらいことはしたくない。ただ、それぐらいの覚悟を持って接しないと、選手あるいは部下の成長は望めないだろう。

技術力×対応力×情報処理能力
バッティングは3つの力の掛け算

ドラゴンズの二軍で2年間バッティングコーチを務めてきたが、当然、私なりのバッティング理論を持っている。この場を借りて、少し触れてみたい。

私は、バッティングの極意を、技術力と対応力と情報処理能力の掛け算だと考えている。この3つの力が掛け合わされることによって、ヒットを打てる確率はより上がるのだ。

3つの力のうち、もっとも比重が大きいのは、もちろん技術力だ。いくらほかの2つの力が大きくても、肝心の技術がなければ、バットにボールを当てることすらできないだろう。

バットを振る時に大切になるのは、バットの軌道。体の内側からしなって出てくるような「インサイドアウト」が基本となる。バットのヘッドが遅れて出てくるイメージだ。

バットのヘッドが外回りをする「ドアスイング」になると、どうしても速いボールに打ち負けてしまう。速いボールに打ち負けないスイングを身につけることが、打てるバッターになるためのファーストステップだ。

次に大切になるのが対応力。ピッチャーが機械のようにど真ん中ばかりに投げてくれれば、バッターも苦労はしないだろう。高め低め、内側外側、ストライクゾーンを幅広く使い、しかも変化球を織りまぜて投げてくる。バッターは瞬時にどのコースにどの球種を投げて来たのかを判断し、対応しなければならないのだ。

例えば、外角に来たら踏み込んで流し打つといった対応力がなければ、ヒットを打つことは難しいだろう。

そして、もうひとつ大切なのが、情報処理能力だ。いまはプロ野球の世界も情報化の波が押し寄せている。「Aというピッチャーがこのカウントになったらこの変化球を投げる割合が高い」といった情報はどのチームも持っている。大切なのは、その活用法だ。事前に仕入れた情報を基に、1球ごとに狙い球を絞っていかなければならない。単に来た球を打つというスタンスでは、プロの世界ではめしを食べていけないだろう。

二軍コーチ時代は選手に試合をよく見させ、カウントごとの配球の傾向などをすべて覚えさせるようにした。その上で、あえて狙い球の指示はせずに、自分で考えさせるように心掛けた。情報をいかに表現させるかがカギになると考えたからだ。

このようにバッティングは技術力と対応力と情報処理能力の掛け算の世界。

3つの力が10ずつなら、掛け算の答えは1000となる。ところが、いくら技術力と対応力があっても、情報処理能力が0なら、いくらやっても答えは0になってしまうのだ。

要するに狙った球は100%打てるという選手が、真っすぐしか待っていなければ、変化球ばかりを投げられてそれで終わってしまうということになる。

どのカウント、どのタイミングでどんな球を投げてくるのか、1球ごとの狙い球を絞らないと……単に技術があるだけでは打てないのだ。だからこそ技術と同時に対応力と情報処理能力も磨く必要があると思っている。

解説者時代
2020年〜

先の展開を読んだ解説で野球の面白さを伝えたい

2020年からプロ野球解説者となり、テレビやラジオで解説をさせてもらっている。

選手として21年、コーチとして2年、入団以来ずっとドラゴンズのユニホームを着続けてきたため、スーツを着てナゴヤドームに行くのは、いまだにどこかしっくりこないが、楽しく仕事をさせてもらっている。

解説をする時には、野球の楽しさを多くの人に知ってもらいたいという思いで、話をするようにしている。

例えば、バッターは相手バッテリーの配球を読み、頭をフル回転させて打席に立っている。「前の打席は変化球で打ち取られているから、次の打席では同じ変化球を狙おう」といった具合にだ。

こうした読み合いがひとつの醍醐味である。私は解説者として、その面白さを伝えるため独自のスコアブックをつけ、このバッターの何球目にはどんな球を投げたのか、すべてのボールを覚えようと心掛けている。試合終盤の勝敗を分けるような攻防の際、ベンチの采配を読んだり、バッターが何を狙ったりしているのか、先の展開を読んだ解説ができるからだ。

間があるからこその野球の面白さや奥深さを、私の解説から感じてもらえれば、解説者冥利に尽きるのではないだろうか。

また、当たり前のことを当たり前に伝えたいとも思っている。

例えば、2020年7月7日の中日ドラゴンズ対東京ヤクルトスワローズ戦で、ドラゴンズはすべての野手を使い果たし、最後のチャンスにピッチャーである三ツ間卓也を代打に送ったことで物議をかもした試合を覚えている人も多いだろう。

私はたまたまこの試合のラジオ解説をさせていただいていた。

ドラゴンズが延長十回の守備に就く際、その裏の攻撃でドラゴンズが二死満塁のチャンスをつくった時、代打がいなくなることに気が付いた。何度も確認をし、間違いがないと確信した上で、二死満塁になったらどうするのか、という話をイニングの始めにさせてもらった。

これは、先を読み、あらゆるケースを想定すれば、自ずとわかる話。私にとっては当たり前のことなのである。

落合さんの影響もあって、私は現役時代からゲームの展開を読む訓練を自然と行ってきた。将棋の棋士が何手も先を読むような感覚である。

野球解説でも、このように先の展開を読むように心掛けていきたいと考えている。

私が解説をする時は、そういう点も楽しみにしていただければ幸いである。

ルールブック片手に観戦を
森野流おすすめ観戦術

最後に私流のおすすめ野球観戦法を伝授したい。

野球は本当に奥の深いスポーツだ。中でも難解なのがルールである。かなり複雑で細かいルールまで詳しいという選手はプロ野球界を見渡しても、ほとんどいないのではないだろうか。

私は好奇心が強いせいか、気になったことをその場に放置することができない性格である。

そのため、野球ルールの気になることがあればすべてその日のうちに調べてきた。ルールの改訂があると聞けば、改訂版のルールブックを読むようにするなど、実はルールに詳しいのだ。いまテレビやラジオで活躍している野球解説者の中で、私が最もルールに詳しいという自負がある。

解説でも「ルールに詳しい森野」を打ち出していければと思っている。

野球ファンの皆さんに伝えたいのは、ルールを覚えてほしいということだ。ルールを知ると野球の見方が変わってくる。今まで以上に野球の奥深さや魅力を感じることだろう。

テレビ中継を見る時は近くにルールブックを置いておくとよい。気になるプレーがあったらすぐに調べれば、そのルールが設定された意味が分かるだろう。

おわりに

本書を執筆するにあたって、少年時代から40年にも及ぶ野球人生を振り返ってきた。

初めて取り組んだ執筆という仕事は、とても大変な作業の連続だったが、資料を調べたり、昔のアルバムを眺めたりと、執筆の合間に行う過去を振り返る作業は懐かしく、私にとってとても貴重な時間となった。

思い返してみれば、小学2年生で野球を始めて以来、中学、高校、プロ野球と、とにかく私は野球一筋に突っ走ってきた。気が付けばかれこれ30年以上になる。

「野球をやるからには辞めてはならない」と私に約束を迫った父
毎日のように一緒にボールを追いかけた小学時代の仲間
病気で亡くなり、もう二度と会うことのできない中学時代のライバル
私に野球の楽しさと厳しさを教えてくれた高校時代の恩師
私に素質があると信じ、プロ野球の世界へといざなってくれたスカウト
日本代表として世界一を目指してともに戦った闘将
私がプロ野球界で生き抜いていくための土台を築いてくれたオレ流名監督

さまざまな人の顔が走馬灯のように浮かんでは消えていった。

ここに挙げた人だけではない。

おそらく野球を通じて何百人、何千人という人と出会ってきたが、そのひとつひとつの出会いが私にとって欠かすことのできないものだったのだ。

それは、自分で選んできたものであり、影響を受けたものであり、好きなものでもあるからだ。

どれかひとつ欠けても、今の私はなかっただろう。

すべての出会いが組み合わさった集合体が、野球人・森野将彦なのである。

私がいろいろな監督に使われてきたのは、これまでに出会ってきた人たちに恵まれてきたからにほかならないのだ。


私と関わったすべての人に、この場を借りて感謝申し上げたいと思う。

2020年10月

5番						6番							7番							8番			スタメン出場数
一塁	二塁	三塁	左翼	中堅	右翼	一塁	二塁	三塁	遊撃	左翼	中堅	DH	一塁	二塁	三塁	遊撃	左翼	中堅	DH	一塁	二塁	遊撃	
																1						4	5
																							0
																							0
																6							9
	1						3							2									7
		2						1						21	1						15	6	52
						3			4				2	2		9				1	14	6	57
4			4		1	7				5			7				2			1			33
			3					14		6					47		25						97
		49	1				1	12						12	6								108
	28	11	64	5	6												16						142
	1									2	17							12					95
		1																					144
																							144
		2						4							2								141
2		2						29							11								119
3	5	3				6	1	4				1							1				97
86						4																	136
29		1				10							1										52
4																							32
9												2											12
137	35	71	72	5	7	30	5	64	4	13	17	3	10	37	67	16	43	12	1	2	29	16	1482

守備位置別

一塁	二塁	三塁	遊撃	左翼	中堅	右翼	DH
304	178	716	54	138	73	13	6

【1軍公式戦スタメン出場回数まとめ（打順・守備位置ごと）】

打順	1番							2番					3番							4番			
守備位置	一塁	二塁	三塁	遊撃	左翼	中堅	右翼	一塁	二塁	三塁	遊撃	左翼	一塁	二塁	三塁	左翼	中堅	右翼	DH	一塁	二塁	三塁	中堅
1997																							
1998																							
1999																							
2000											3												
2001		1																					
2002									5						1								
2003		1		14							1												
2004	1														1								
2005															2								
2006		19	5				1		1	1													
2007					3							2		1	3	3							
2008			6			11									6	2	23	5				5	5
2009													2		140				1				
2010															122					1		21	
2011															106					2		25	
2012										3			3		44					10		15	
2013								1	7				22	36	7								
2014													23							22	1		
2015													10							1			
2016													20		1					7			
2017																			1				
	1	21	11	14	3	11	1	1	13	4	4	2	80	37	433	5	23	5	2	43	1	66	5

打順別

1番	2番	3番	4番	5番	6番	7番	8番
62	24	585	115	327	136	186	47

得点	盗塁	犠打	犠飛	四球	死球	打席	打数	長打率	出塁率	OPS	背番号
2	0	0	0	0	0	22	22	.318	.136	.455	7
出　場　無　し											7
出　場　無　し											7→8
3	0	0	1	0	0	46	45	.333	.152	.486	8
4	0	0	0	1	0	59	58	.241	.203	.445	8→16
20	0	4	0	15	1	211	191	.366	.285	.652	16
30	1	2	0	12	0	239	225	.400	.308	.708	16
14	0	2	2	14	0	180	162	.407	.326	.733	8
42	2	1	2	25	2	388	358	.422	.318	.740	8
58	0	8	5	26	2	469	428	.395	.321	.716	31
75	1	8	6	59	4	607	530	.458	.366	.824	31
63	1	3	5	46	0	412	358	.556	.394	.950	31
83	4	1	5	72	8	632	546	.504	.377	.881	31
85	2	2	7	64	6	626	547	.537	.399	.936	30
46	0	13	5	64	5	595	508	.329	.321	.650	30
45	1	4	4	49	3	494	434	.348	.327	.674	30
53	1	2	2	54	0	457	399	.461	.369	.830	30
64	3	5	6	69	1	588	507	.432	.370	.802	7
25	2	3	3	37	3	252	206	.301	.378	.678	7
14	0	0	0	26	2	170	142	.331	.388	.719	7
4	0	2	0	5	0	48	41	.293	.326	.659	7
730	18	60	53	638	37	6495	5707	.427	.351	.778	

得点	盗塁	犠打	犠飛	四球	死球	打席	打数	長打率	出塁率	OPS	背番号
5	0	0	0	1	0	23	22	.500	.348	.848	31
3	0	0	0	3	0	28	25	.600	.321	.921	31
3	0	0	0	2	0	31	29	.379	.226	.605	31
1	0	0	0	3	0	18	15	.333	.389	.722	30
2	0	0	0	0	0	21	21	.380	.238	618	30
4	0	0	0	8	0	37	29	.379	.486	.865	30
18	0	0	0	17	0	158	141	.433	.342	.775	

得点	盗塁	犠打	犠飛	四球	死球	打席	打数	長打率	出塁率	OPS	背番号
1	0	0	0	1	2	11	8	.250	.364	.614	8
1	0	2	0	1	0	20	17	.353	.300	.653	8
3	0	1	1	6	0	21	13	.615	.476	1.091	31
4	0	0	0	4	0	31	27	.667	.484	1.151	30
1	0	0	0	0	0	29	29	.172	.138	.310	30
10	0	3	1	12	2	112	94	.415	.348	.763	

得点	盗塁	犠打	犠飛	四球	死球	打席	打数	長打率	出塁率	OPS	背番号
1	0	0	0	1	0	4	3	2.000	.750	2.750	31
1	0	0	1	0	0	8	7	.857	.625	1.482	30
2	0	0	1	1	0	12	10	1.200	.667	1.867	

【年度別打撃成績一覧 及び背番号変遷表】

レギュラーシーズン（1軍）

年度	監督	チーム順位	出場試合	打率	本塁打	打点	安打	二塁打	三塁打	塁打
1997	星野仙一	6位	13	.136	1	1	3	1	0	7
1998	星野仙一	2位								
1999	星野仙一	優勝								
2000	星野仙一	2位	28	.156	2	6	7	0	1	15
2001	星野仙一	5位	40	.190	0	2	11	3	0	14
2002	山田久志	3位	84	.225	5	14	43	12	0	70
2003	山田久志	2位	89	.271	6	33	61	11	0	90
2004	落合博満	優勝	80	.272	4	21	44	8	1	66
2005	落合博満	2位	118	.268	9	46	96	26	1	151
2006	落合博満	優勝	110	.280	10	52	120	19	0	169
2007	落合博満	2位	142	.294	18	97	156	29	2	243
2008	落合博満	3位	96	.321	19	59	115	25	1	199
2009	落合博満	2位	144	.289	23	109	158	42	3	275
2010	落合博満	優勝	144	.327	22	84	179	45	2	294
2011	落合博満	優勝	142	.232	10	45	118	19	0	167
2012	高木守道	2位	124	.249	6	50	108	23	1	151
2013	高木守道	4位	134	.286	16	51	114	20	1	184
2014	谷繁元信	4位	141	.288	13	86	146	34	0	219
2015	谷繁元信	5位	82	.262	0	10	54	8	0	62
2016	谷繁元信	6位	68	.268	1	15	38	6	0	47
2017	森繁和	5位	22	.244	0	1	10	2	0	12
通算成績（レギュラーシーズン）			1801	.277	165	782	1581	333	13	2435

クライマックスシリーズ

年度	対戦相手	結果	出場試合	打率	本塁打	打点	安打	二塁打	三塁打	塁打
2007	阪神・巨人	突破	5	.318	1	4	7	1	0	11
2008	阪神・巨人	2nd敗退	7	.240	3	3	6	0	0	15
2009	ヤクルト・巨人	2nd敗退	7	.172	2	6	5	0	0	11
2010	巨人	突破	4	.267	0	1	4	1	0	5
2011	ヤクルト	突破	5	.190	1	3	4	1	0	8
2012	ヤクルト・巨人	2nd敗退	9	.345	0	0	10	1	0	11
通算成績（クライマックスシリーズ）			37	.255	7	17	36	4	0	61

日本シリーズ

年度	対戦相手	結果	出場試合	打率	本塁打	打点	安打	二塁打	三塁打	塁打
2004	西武	中3-4西	6	.125	0	0	1	1	0	2
2006	日本ハム	中1-4日	5	.294	0	0	5	1	0	6
2007	日本ハム	中4-1日	5	.308	1	4	4	1	0	8
2010	ロッテ	中2-4ロ	7	.407	0	2	11	5	1	18
2011	ソフトバンク	中3-4ソ	7	.138	0	0	4	1	0	5
通算成績（日本シリーズ）			30	.266	1	6	25	9	1	39

オールスターゲーム

年度	監督	選出	出場試合	打率	本塁打	打点	安打	二塁打	三塁打	塁打
2007	落合博満	監督推薦	2	.667	1	1	2	0	0	6
2010	原辰徳	監督推薦	2	.714	0	2	5	1	0	6
通算成績（オールスターゲーム）			4	.700	1	3	7	1	0	12

著者
森野将彦　もりのまさひこ

1978年生まれ、神奈川県横浜市出身。東海大相模高より、1996年のドラフト2位で中日ドラゴンズに入団。勝負強い打撃と内外野どのポジションでもこなす高いユーティリティ性が認められ、プロ入り6年目の2002年シーズンから1軍に定着する。2008年に日本代表として北京オリンピックに出場。2009年からレギュラーの三塁手として活躍するなど、黄金期のドラゴンズを攻守両面で支えた。2017年に現役引退。現在は野球解説者として活躍中。

使いこなされる力。
名将たちが頼りにした、“使い勝手”の真髄とは。

第1刷　2020年10月28日

著　　者　森野将彦
発 行 者　田中賢一
発　　行　株式会社東京ニュース通信社
〒104-8415　東京都中央区銀座7-16-3
電話　03-6367-8023
発　　売　株式会社講談社
〒112-8001　東京都文京区音羽 2-12-21
電話　03-5395-3608
印刷・製本　株式会社シナノ

企画編集　株式会社ネオパブリシティ
デザイン　株式会社ネオパブリシティ/株式会社ヴァリウムデザインマーケット(表紙)
協　　力　株式会社ジオット/鶴哲聡
写真提供　中日新聞社(帯)

ISBN978-4-06-521225-7